TRANSITION

Découverte du texte littéraire
Deuxième Édition

Madeleine C. Hage
University of Maryland

Ross Steele
University of Sydney

Pierre Verdaguer
University of Maryland

Prentice Hall, Englewood Cliffs, New Jersey 07632

Editor-in-Chief: Steven R. Debow
Director of Development: Marian Wassner
Assistant Editor: Maria Garcia
Editorial Assistant: Brian Wheel
Managing Editor: Deborah Brennan
Manufacturing Buyers: Tricia Kenny
Cover Design: Paul Uhl

Printed in the United States of America
10 9 8 7 6 5 4 3 2 1

ISBN 0-13-157348-9

Prentice Hall International (UK) Limited, *London*
Prentice Hall of Australia Pty, Limited, *Sydney*
Prentice Hall Canada Inc., *Toronto*
Prentice Hall Hispanoamericana, S.A., *Mexico*
Prentice Hall of India Private Limited, *New Delhi*
Prentice Hall of Japan, Inc., *Tokyo*
Simon & Schuster Asia Pte. Ltd., *Singapore*
Editora Prentice Hall do Brasil, Ltda, *Rio de Janeiro*

Permission to use copyright materials is gratefully
acknowledged to the following publishers, authors, and
literary agents:
  Corinna BILLE, «Vendanges». with the kind permission
of the author.
  Georges Borchardt, Inc.: Alain ROBBE-GRILLET.
Instantanés ©1962 by Editions de Minuit: ©1968 by Grove
Press, Inc. Reprinted by permission of Georges Borchardt.
Inc. for the authors.
  Hachette: COLETTE, «La Petite Bouilloux». *La Maison de
Claudine* © 1960.
  Editions Gallimard: Henri BOSCO. *L'Enfant et la rivière;*
Paul ELUARD. «On ne peut me connaître. . .» *Les Yeux fer-
tiles;* Marcel JOUHANDEAU. «Le Fou». *Chroniques mari-
tales, précédé de Elise:* J.M.G. LE CLEZIO. «L'Extase
matérielle». *La Vie matérielle:* Henri MICHAUX. «Plume au
restaurant». *Plume.* © Editions Gallimard.
  Librairie Gründ: Robert DESNOS. «Le Pélican».
Chantefables et Chantefleurs.
  Le Monde (Paris): François JANIN. «Une Victoire des
femmes au Fouquet's». *Le Monde,* 28 nov. 1979.
  Les Nouvelles Editions de l'Arc: Gilles VIGNEAULT.
Avec les vieux mots. Editions de l'Arc © 1965.
  Editions P.O.L.: Danièle SALLENAVE. «Un Printemps
froid» © 1986 P.O.L.
  Présence Africaine: Birago DIOP. «Le Prix du chameau».
Contes et lavanes ©
  Gisèle PRASSINOS. «La Gomme», with the kind permis-
sion of the author.
  Marie REDONNET. «Ist et Irt», with the kind permission
of the author.
  Bernard DADIE. «La Légende Baoulé», with the kind
permission of the author.
  Editions du Seuil: Jean CAYROL. *Histoire de la mer.*
© Editions du Seuil, 1973. Marie SUSINI, *Plein Soleil, coll.*
«*Méditerranée*». © Editions du Seuil, 1953.

Table des matières

Preface

The *Second Edition* of **Transition: Découverte du texte littéraire** is a reader for third- and fourth-semester college and university students and for advanced classes in high school. Doctoral students preparing for their language reading examination will also find this reader helpful.

Transition aims to build on the language skills that students have developed in elementary courses by introducing strategies that will enable them to begin reading literary texts with pleasure. The primary focus in this approach to reading is on meaning. Students will learn how to read for information and then how to interpret the explicit and implicit levels of meaning that are the distinctive feature of literary writing.

The *Second Edition* includes 20 selections of different length, drawn from a variety of sources. We have selected readings from France and French-speaking countries (African nations, Canada, and Switzerland). The emphasis is on contemporary authors six of whom are women. We have favored complete texts rather than excerpts, but whenever an excerpt appears, it can function as an autonomous, unabridged text.

The selections cover a wide range of genres: poetry (Baudelaire, Desnos, Eluard, Rimbaud, Vigneault), descriptive and narrative prose representative of various traditions (realism, surrealism, the absurd, the fantastic, satire, folk tales). Most texts are of a literary nature, although *L'Extase matérielle*, by Le Clézio, is representative of essay-style writing. The first text, a newspaper article, was chosen to facilitate the transition from first-year language texts to texts requiring more advanced reading strategies.

We have grouped the selections according to either formal discourse styles or shared thematic features. The opening unit, **Mise en train,** introduces students to simple texts illustrating genres and styles that will be encountered in later units. This unit is followed by **Discours imaginaires** because our students have found it easier to comprehend literary texts with a clearly symbolic meaning than descriptive texts that are more lexically challenging and have less dramatic interest for the reader. The final unit, **Discours autour d'un thème,** presents variations on the theme of the insider and the outsider **(Nous et les autres),** which often parallels the experiences of the foreign language learner.

The units and texts do not have to be read in their order of presentation. Instructors and students should feel free to study the texts in the order which they consider most appropriate for their level and their interests.

The variety of text types allows students to practice a number of reading strategies. The overall presentation format for each selection is similar, but the emphases vary considerably so that students will develop not only their range of reading techniques but also their confidence in their ability to funciton more effectively in French. The presenation format consists of the following parts:

Objectif

This gives the students a focus for their reading of the text.

Avant la lecture

These are pre-reading activities which facilitate the reading process and entry into the networks of meaning in the text. In several instances the readers have an opportunity to interact with illustrations and maps.

Ouverture: These activities are designed to open up students' background knowledge and personal experiences in relation to themes in the text.

Notes contextuelles: The socio-cultural context and cultural references are necessary for understanding the broader environment of the text and its connotations.

Stratégies: These can either be **Stratégies de langue** to encourage students to use cognates or contextual clues to guess word meanings, to help them with technical thematic vocabulary in the text, and to highlight grammatical points such as the "passé simple," which elementary courses generally omit; or **Stratégies de lecture** to provide students with a range of techniques that will enable them to enter the text at various points and predict with increasing accuracy the global and deeper levels of meaning.

It is not intended that students will always do all the pre-reading activities. The choice of activities will depend on their level and needs. It may be decided to do some activities prior to reading, others during the reading, and others prior to a re-reading of the text. It may be decided to do some activities in class or to assign them to the learners for private preparation. At a more advanced level the learners may occasionally go directly to the reading so that they can apply autonomously the strategies they have been learning. They will discover the progress they have made towards reading with understanding, and so reinforce the motivation to succeed. This is the strategy we initially propose for the text by Robbe-Grillet (10).

Lecture

The actual reading of the complete text is the central activity. This is why when part of the text been used to illustrate a **Stratégie de lecture,** the complete text is reproduced in Lecture.

Difficult words and expressions are glossed in the margin or, when it is more effi-cient, are given an English equivalent in a footnote. In this way, the two languages are separated, and students see only French as they are reading from the text to the margin. To remind them to use their knowledge of cognates and word families, these are indicated in the margin by *cogn.* and *cf.* when appropriate. Other helpful hints are also given in the margin (see **List of Abbreviations**). The placing of a degree mark (°) or footnote number *before* rather than *after* the word or expression that is glossed facilitates the reading process. It alerts the reader to the point at which the marginal (or footnote) gloss begins. The gloss can always be inserted into the text as a functional substitution.

Après la lecture

A number of post-reading activities follow each text:

Compréhension: For most texts, the first post-reading activity is a series of questions that prinicipally test overall comprehension. Detailed comprehension may also be included depending on the stated objective and reading strategy for the text. For several texts there is a **Vérification** exercise to sensitize students to the use of specific strategies. Students who need an additional orientation to the text could read the comprehension questions for guidance before reading the text. In the case of longer texts, the comprehension questions correspond to suc-cessive parts of the text, and we suggest that students answer corresponding ques-tions after reading each part to make sure they have no serious misunderstand-ings that would invalidate their predictions about the meaning of the next part of the text.

Interprétation: We believe it is extremely important for students to re-read liter-ary texts after they have read them for general comprehension as a prelude to inter-preting, discussing, and voicing opinions on their logical, symbolic, and textual meanings. Re-reading essay-type texts is also important before discussing the ideas and arguments they put forward. In the early stages, several readings may be neces-sary to develop competence in progressing from skimming and scanning to the interpretation of explicit and implicit meanings.

Appréciation: For some poems the **Compréhension** and **Interprétation** sec-tions have been combined in a section called **Appréciation.**

Style et langue: Certain stylistic features of the text are presented here so that students can observe how language functions in the production of literary and non-literary texts.

Activités: These are personalized oral or written extension activities that give stu-dents the opportunity to increase their general language skills in relation to some aspect of the text.

Intertextualité: This section is included to encourage instructors and students to note relationships between the selections and to compare them. These relationships may be thematic **(Thèmes)** or formal **(Traitement).** The information given under **Thèmes** makes it possible for instructors to plan the reading of the selections by themes rather than discourse styles, if they wish.

We stress that it is not intended that all the post-reading activities be done. We have provided a range of activities from which instructors and students may choose those that suit their needs. Reading the text with pleasure is the primary goal. Spending too much time on associated activities may result in turning the reading of the text into task-management rather than an enjoyable experierence. A balance must be maintained between activities to develop the reading skill and the intellectual and aesthetic stimulation that can be created by the text itself.

At the back of this reader there are four **Appendices** presenting biographical information on the authors of the texts, a reference summary of the forms of the *passé simple* and the *subjonctif,* and a list of useful literary terms. A separate *Glossaire* lists alphabetically the French words and expressions that have been glossed in the texts, with their English equivalents.

Transition: Découverte du texte littéraire is a reader in which the text is presented as an artifact to be comprehended, interpreted, and enjoyed. Unlike most other readers, it is not a grammar review and does not use the selected passage as a pretext for more vocabulary and grammatical exercises. Our focus is on the learner who needs strategies to make the transition from reading elementary to more advanced texts, to make sense of the different levels of meaning in these texts, and to develop cultural and literary sensitivity. Students who have learned to use the "reading for meaning" strategies in ***Transition*** will also have acquired critical thinking skills that are extremely valuable not only for all the subjects they are studying but also for their careers.

ACKNOWLEDGMENTS

We wish to thank our students, who were the inspiration for this book, Susan Harper for the line drawings, Christa Dub for computer assistance, Deborah Brennan and Jeanette Ninas Johnson for their meticulous supervision, and Steve Debow for his encouragement and support. We are also grateful to the following reviewers for their helpful comments and suggestions:

Lynn Breakstone, Washington University, St. Louis, Missouri; Nicholas Collaros, University of California, Los Angeles; Mary Donaldson-Evans, University of Delaware, Newark; Raymond Eichmann, University of Arkansas, Fayetteville; Rosalee Gentile, University of Illnois at Chicago; Stanley Hamilton, Bridgewater State College; Sylvie Debevec Henning, State University of New York College at Plattsburgh; Isabelle Kaplan, American Council on the Teaching of Foreign Languages, Yonkers, New York; Lynn E. Klausenburger, University of Washington, Seattle; Daniel Moors, University of Florida, Gainesville; Jo Ann Recker, Xavier University, Cincinnati, Ohio; Gail L. Riley, University of Illinois, Champaign-Urbana; Jean Schultz, University of California-Berkeley; Robert Vicars, Millikin

University, Decatur, Illinois; Cynthia Westhof, Cambridge, Massachusetts; Richard C. Williamson, Bates College, Lewiston, Maine; and Yvette Young, University of Wisconsin, Oshkosh.

LIST OF ABBREVIATIONS

cf.	indicates a word from the same "word family" that will help to recognize the word in the text
coll.	colloquial
cogn.	cognate
contr.	a word with the opposite meaning
inf.	infinitive
p.p.	past participle
subj.	subjunctive
=	an approximate equivalent within the context

1

Mise en train

1

Une Victoire des femme au Fouquet's

François Janin

OBJECTIF

Vous allez rechercher les faits dans un article journalistique et analyser les attitudes des participants.

AVANT LA LECTURE

Ouverture

Aux Etats-Unis, pendant longtemps, il y a eu des lieux publics où les Noirs ne pouvaient pas aller. Il reste aujourd'hui dans de nombreux pays des clubs où les femmes ne sont pas admises. Que feriez-vous si on vous interdisait d'entrer dans un endroit public à cause de votre race ou de votre sexe? Demandez à d'autres étudiant(e)s ce qu'ils/elles feraient et parlez des différentes formes dè discrimination qui existent encore aujourd'hui.

Notes contextuelles

Le Monde est un journal parisien distribué dans la France entière. C'est le quotidien le plus «intellectuel» du pays et qui a une influence considérable.

Le M.L.F. (Mouvement de Libération de la Femme) a connu ses premiers succès en France dans les anneés 1970. Le mouvement français a moins utilisé la confrontation comme technique que le mouvement américain. Pour cette raison, le journal *Le Monde* s'est intéressé à l'événement qui est à l'origine de l'article que vous allez lire. Cet article a aujourd'hui un intérêt à la fois historique et culturel.

Le Fouquet's est un café-restaurant très chic qui se trouve sur les Champs-Elysées, l'avenue de Paris la plus connue. Son nom évoque un snobisme anglo-saxon. Comme beaucoup de grands cafés, il a un bar séparé des salles principales. Jusqu'à la fin des années 1970, ce bar n'était pas ouvert aux femmes seules, selon la mode des clubs britanniques. Ce phénomène est relativement rare dans la société française où les femmes sont mieux acceptées dans la compagnie des hommes que dans d'autres cultures.

Stratégie de lecture

Avant de lire le texte, lisez le titre et imaginez quel sera le sujet de l'article: qui? où? quand? pourquoi? comment? etc. Ensuite, lisez rapidement l'article sans vous arrêter aux mots que vous ne connaissez pas. Une bonne stratégie de lecture est de souligner dans le texte les dates, le nom des personnes mentionnées et ce qu'elles font. Ceci vous aidera à comprendre le sens général du texte.

LECTURE

François Janin, *Une Victoire des femmes au Fouquet's*

LE MONDE. Mercredi 28 novembre 1979

Deux femmes médecins pénètrent le 19 novembre au Fouquet's, avenue des Champs-Elysées à Paris. Elles choisissent le «petit bar» de °l'établissement. Il est un peu plus de 22 heures. On refuse de les servir «parce que le petit bar est interdit aux femmes °seules». Et
5 pour répondre à leurs questions, on leur dit que leur °genre peut prêter à confusion. En somme, elles sont soupçonnées de °racolage.

Les deux médecins, Mmes Catherine Laurençon et Martine Bensadoun, °outre ce qui peut être considéré comme une °injure, °relèvent l'°anomalie. Au nom de quoi un lieu ouvert au public peut-
10 il être interdit aux femmes seules? Qu'est-ce que ce «petit bar» du Fouquet's où l'on °vit encore au dix-neuvième siècle ou à la mode des clubs britanniques?

Le «petit bar» est un endroit calme, °en retrait de la terrasse, ouvert sur la salle de restaurant du rez-de-chaussée, mais bien °à
15 l'écart. Un comptoir, sept ¹tabourets haut perchés, quelques fauteuils. Du bois au mur et, peu lisible, °ton sur ton, °un panneau: «Les dames seules ne sont pas admises au bar. Signé: ²la direction.»

Samedi 24 novembre, une dame seule a été servie, mais ³du bout des doigts. Il a fallu qu'elle insiste et rappelle par trois fois au garçon
20 sa commande. °Il en va de même le dimanche. Au bar, une autre dame seule. Blonde, jolie. °Bon genre. Coïncidence: il faut qu'elle °s'y prenne, elle aussi, à plusieurs reprises pour que le barman accepte de la servir. Pour les messieurs, la commande arrive à grande vitesse.

Glose marginale:

– le Fouquet's

non accompagnées
   par un homme
apparence
prostitution

en plus de / insulte/
font remarquer /
cogn.

inf. vivre

derrière les tables sur
   le trottoir
isolé

de la même couleur
   / une inscription

C'est la même chose

Distinguée

redemande plusieurs
fois

---

¹ bar stools.   ² the management.   ³ reluctantly.

Ils ont droit, avec l'apéritif, à des olives et à des «chips». Elles non.

25 Mais le fait est indiscutable. Les 24 et 25 novembre, ces dames sont servies, °de bon gré ou non. De toute évidence, l'affaire des deux femmes médecins — qui ont alerté la presse — °a fait du bruit et la direction du Fouquet's a choisi d'oublier sa tradition.

Interrogé, un garçon répond à côté: «°je ne suis au courant de
30 rien.» Comme on lui montre la pancarte et la dame seule installée au bar, il [4]hausse les épaules et passe son chemin.

Voilà un couple, cinquante ans, °cossu. Le monsieur n'est pas très intéressé par la question; pour la dame, il s'agit d'une nouvelle pro- vocation du M.L.F. «Les femmes honnêtes viennent ici accom-
35 pagnées, °cela tombe sous le sens.»

A la table voisine, un homme seul. [5]Turfiste, et de bonne humeur. Il a gagné °la veille. «Qu'est-ce que c'est que cette histoire? Ah, oui, la pancarte! Bof, °on s'en fout. Mieux vaudrait que de vraies °putains viennent ici, au moins elles seraient jolies . . .»
40 La dame seule, au bar, °mène aussi son enquête. Dans la poche de son manteau, il y a un [6]émetteur H.F. et, dehors, une voiture technique où s'effectue [7]l'enregistrement. °Renseignement pris, c'est une journaliste de radio. Elle demande un autre whisky, qui est servi avec aussi peu °d'empressement que le premier. Sans olives, sans
45 «chips». Mais enfin il est servi. Ce dimanche au moins, au Fouquet's, la tradition °a fichu le camp. [8]Pourvu que ça dure . . .

Glosses (right margin):
- sans difficulté
- a attiré l'attention
- je ne sais rien
- cf. le panneau (l. 16)
- riche
- c'est évident
- le jour précédent
- fam. cela ne nous intéresse pas / prostituées
- fait
- = Nous avons appris que
- de rapidité
- fam. a disparu

APRÈS LA LECTURE

Compréhension

A. Est-ce que les faits suivants sont vrais ou faux?

1. Cette scène se passe à dix heures environ dans un café des Champs-Elysées.
2. Deux femmes médecins décident de dîner à la terrasse d'un grand café parisien.
3. On leur demande de partir sous prétexte que les femmes doivent être ac- compagnées par un homme.
4. Les femmes protestent, disant que le règlement (*rules*) n'est écrit nulle part.
5. Au mur, il y a une pancarte qui souhaite la bienvenue à tout le monde.
6. Cinq jours plus tard, une femme installée au bar est servie, mais seulement après avoir insisté trois fois.

---

[4] shrugs his shoulders.   [5] horseracing fan.   [6] high frequency transmitter.
[7] recording.   [8] Let's hope it will last.

7. Le lendemain, une femme doit attendre d'être servie, mais les hommes sont servis rapidement.
8. Pour s'excuser, le garçon propose des olives et des «chips» à la femme.
9. Un couple de clients bourgeois approuve la présence des femmes au bar.
10. L'une des femmes est une journaliste venue là par hasard.
11. La direction du Fouquet's a décidé, au moins momentanément, de modifier son règlement.

B. Utilisez les réponses que vous avez données pour résumer en quelques phrases ce qui s'est passé au Fouquet's.

Interprétation

Maintenant, relisez l'article en faisant attention aux attitudes des différents participants, puis répondez aux questions qui suivent:

1. Quelle raison est-ce que la direction du Fouquet's donne aux femmes médecins pour expliquer qu'on refuse de les servir?
2. Pourquoi est-ce que leur statut social est important?
3. Les deux femmes protestent: quels arguments utilisent-elles?
4. A votre avis, qu'est-ce qui a attiré ces femmes dans ce bar?
5. Pourquoi est-ce que le journaliste, François Janin, éprouve le besoin de préciser (l. 21) que la femme est «Blonde, jolie. Bon genre.»?
6. Qu'est-ce qui incite les femmes à aller au bar le week-end du 24 et du 25? Est-ce par hasard?
7. Quelle attitude est-ce que la femme du couple «cossu» exprime quand elle parle de «nouvelle provocation du M.L.F.»?
8. Que pensez-vous de la réflexion du turfiste?
9. A votre avis, pourquoi est-ce que l'attitude de la direction du Fouquet's a changé?
10. Que pensez-vous de la tactique utilisée par les femmes pour être admises dans cet endroit qui leur était interdit?

Style et langue

En français, particulièrement dans le style journalistique, vous rencontrerez des phrases sans verbes. Ces phrases sont utilisées pour rendre le style plus vivant. Retrouvez dans le texte des phrases sans verbe.

Activités

1. Jouez la scène avec les femmes, le garçon et deux clients. Utilisez autant d'éléments du texte que possible.
2. Jouez la scène en renversant les rôles: les serveuses expliquent à des clients masculins pourquoi on ne peut pas les servir.

Intertextualité

Thème: Statut de la femme   Prassinos, «La Gomme» (6)
                                                  Sallenave, *Un Printemps froid (14)*

2
Le Pélican

Robert Desnos

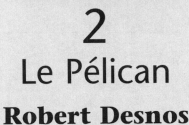

OBJECTIF

Dans ce poème, vous allez étudier comment la répétition d'un fait très simple devient humoristique.

AVANT LA LECTURE

Ouverture

Qu'est-ce qui est amusant dans ce dessin?

Pouvez-vous penser à d'autres situations où la répétition est comique?

Stratégies de langue

Le vocabulaire de ce poème est très simple. Deux verbes, peut-être, sont nouveaux pour vous. Utilisez le contexte pour en deviner le sens:

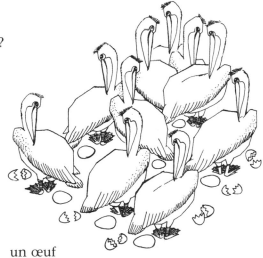

vers 6	le pélican	**pond**	un œuf
vers 13	**durer**	très longtemps	

Si vous ne comprenez pas l'expression **qui en fait autant**, le sens général du poème vous aidera:

vers 7	il sort un pélican [de l'œuf]
vers 9	Et ce deuxième pélican
vers 10	Pond, à son tour, un œuf tout blanc
vers 11	D'où sort, inévitablement
vers 12	Un autre [pélican] **qui en fait autant**.

Par quoi pouvez-vous remplacer **qui en fait autant?**

LECTURE

Robert Desnos, *Le Pélican*

Le capitaine Jonathan
Etant âgé de dix-huit ans,
Capture un jour un pélican
Dans une île d'Extrême-Orient.

5   Le pélican de Jonathan,
Au matin, pond un œuf tout blanc
Et il sort un pélican
Lui ressemblant °étonnamment.   *cf.* étonnant

Et ce deuxième pélican
10 Pond, à son tour, un œuf tout blanc
D'où sort, inévitablement,
Un autre qui en fait autant.

Cela peut durer pendant très longtemps,
Si l'on ne fait pas d'omelette avant.

APRES LA LECTURE

Compréhension

Avez-vous compris les faits?

1. Qui a capturé le pélican?
2. Où a-t-il capturé le pélican?
3. Quel âge a ce capitaine?
4. Qu'est-ce que le premier pélican fait le matin?
5. Comment est le bébé pélican?
6. Qu'est-ce que vont faire tous les autres pélicans?
7. Comment est-ce qu'on pourrait arrêter ce cycle de reproduction?

Interprétation

A. Relisez le poème à haute voix, puis faites la liste des éléments de *répétition*: les mots, groupes de mots, rimes (n'oubliez pas les mots a l'intérieur des vers qui ressemblent à la rime). Quel est l'effet produit par ces répétitions?

B. L'humour

1. La répétition n'est pas toujours humoristique. Pourquoi est-ce qu'elle est amusante dans ce poème?

2. Est-ce qu'il y a dans le poème des détails amusants autres que les éléments de répétition? (Connaissez-vous des capitaines de dix-huit ans? etc.)

3. Est-ce que l'objectif de ce poème est seulement l'humour? Y a-t-il une idée sérieuse derrière les jeux du langage? Si oui, laquelle?

4. A votre avis, si le poète avait choisi des humains et non des pélicans pour illustrer l'idée de la reproduction mécanique qui pourrait continuer à l'infini, est-ce que le poème aurait été plus ou moins comique?

Style et langue

1. Habituellement, dans un poème, les rimes varient. Qu'est-ce que vous remarquez dans ce poème-ci?

2. Il y a deux adverbes particulièrement longs. Lesquels? Pourquoi est-ce que leur emploi est surprenant dans ce contexte? Quel effet est-ce qu'ils produisent?

Activités

1. Pensez à une situation où quelqu'un passe un objet à une autre personne qui répète la même action. Décrivez cette scène de façon comique et imaginez un incident qui arrête le processus.

2. Choisissez un animal qui vous inspire. Prenez le texte de Desnos comme modèle, et écrivez un court poème à votre manière.

Intertextualité

Traitement:	La répétition	Redonnet, "Ist et Irt" (3)
		Michaux, "Plume au restaurant" (5)
	L'humour et l'absurde	Prassinos, "La Gomme" (6)
		Michaux, "Plume au restaurant" (5)

3
Ist et Irt

Marie Redonnet

OBJECTIF

Vous allez lire un récit où la répétition des mêmes faits rend la compréhension facile; vous verrez que ces répétitions ont aussi une fonction thématique.

AVANT LA LECTURE

Ouverture

Regardez cette illustration et décrivez ce que vous voyez. Voici quelques mots pour vous aider à décrire ce qui se passe:

un pêcheur
pêcher
la pêche

un poisson
poissonneux/euse (un lac poissonneux)

une barque
ramer (*to row*)

une ligne
un filet (*a net*)
déchirer (*to tear*)
raccommoder (*to mend*)

Stratégie de langue

Apprenez à reconnaître **le passé simple**:

Dans les textes que vous allez lire dans ce livre vous allez voir souvent des verbes au passé simple. Le passé simple est un temps littéraire utilisé pour raconter des actions au passé. (Dans la langue parlée, on utilise le passé composé.) Les formes du passé simple sont présentées dans l'Appendice II.

Pour vous aider à reconnaître ce temps, les verbes au passé simple dans le récit que vous allez lire sont indiqués en caractères gras (*boldface type*).

Stratégie de lecture

A. En général, si vous comprenez les relations entre les personnages d'une histoire, vous avez déjà une structure pour comprendre le texte. Tout en lisant le texte suivant, remplissez les blancs avec le nom des personnages.

Au début de l'histoire il y a deux adultes:
Un homme   Une femme

_____   _____

Ensuite il y a quatre adultes:
Un homme   et   Une femme   Une femme   et   Un homme

_____   _____   _____   _____

et deux enfants:
Une fille   Un garçon

_____   _____

A la fin il y a deux adultes:
Une femme   Un homme

_____   _____

B. Pour vérifier votre compréhension après chaque partie du récit (I, II, Ill et IV) vous pouvez, si vous voulez, répondre aux questions qui correspondent à ces parties dans **Compréhension**.

LECTURE

Marie Redonnet, *Ist et Irt*

I.

   Vers le sud, le lac °se rétrécit, les eaux deviennent moins poisson-   °devient moins large
neuses. C'est sans doute pour cette raison que les pêcheurs du lac ne

s'y sont jamais installés. C'est pourtant là que Ism et Isl **décidèrent**
de vivre après leur rencontre. Ils s'**achetèrent** une barque neuve, ils

5 se °**construisirent** une °cabane. L'endroit leur plaisait vraiment. Ism   inf. construire / *cogn.*
pêchait, Isl raccommodait les filets et allait vendre les poissons au
marché. Mais Ism ne pêchait que des petits poissons. C'est ainsi
dans cette partie du lac, tous les pêcheurs le savaient. Comme c'était
un bon pêcheur, Ism en pêchait beaucoup. Mais sa pêche rapportait

10 °peu, seuls les gros poissons se vendaient un bon prix. Ism ne regret-   = peu d'argent
tait pas de s'être installé là avec Isl. Il avait peu de besoins. Et ils
avaient assez pour vivre avec l'argent des petits poissons.

II.

Au marché où elle °se rendait chaque jour, Isl était °courtisée par   allait / *cogn.*
le plus fameux pêcheur du lac, Irg. C'était toujours lui qui vendait les

15 plus gros poissons. Un jour, il en **offrit** un à Isl. Elle le **prépara** avec
soin pour le repas du soir. Elle voulait faire la surprise à Ism. Mais
Ism était sombre, et il ne **regarda** même pas le plat que lui
présenta Isl. Depuis quelques jours, sa pêche était mauvaise, les
poissons étaient encore plus petits, et moins nombreux. Ism avait

20 peur que le poisson ne soit en train de disparaître dans cette partie
du lac. Il n'en avait rien dit à Isl. Et Isl ne s'était pas °inquiétée   *cf.* inquiet (inquiète)
d'avoir moins de petits poissons à aller vendre au marché.
°D'ailleurs, elle venait de ramener le gros poisson de Irg. [1]La chance   En plus
lui souriait. Elle °**fut** °déçue que Ism ne °goûte pas au poisson. Ce   inf. être / inf. décevoir
25 **fut** elle qui le **mangea** tout entier. Les jours suivants, Ism **fut** en-   (désappointer) /
core plus sombre, et il **ramena** de moins en moins de poissons. Il ne   *cf.* le goût
parlait plus à Isl, il faisait comme si elle n'existait pas.

Un soir, Isl ne °**revint** pas du marché. Elle avait accepté l'offre de   inf. revenir
Irg de venir vivre avec lui à l'autre bout du lac, là où il y a tous les

30 gros poissons. Ism **resta** seul avec sa barque et sa cabane. Il **con-**
tinua d'aller pêcher. Mais sa pêche était de plus en plus mauvaise.
Ses filets se déchiraient, les petits poissons °s'**enfuyaient** par les   inf. s'enfuir (partir)
trous de plus en plus grands. Un jour, Ism ne **pêcha** plus aucun
poisson. Au marché, Isl triomphait. Elle vendait les plus beaux pois-

35 sons du lac. Elle était heureuse. Elle venait de mettre au monde un
garçon, Irt.

III.

Ism **décida** de quitter le lac, et de remonter la rivière. Au bout de
plusieurs semaines de voyage, il **rencontra** un deuxième lac, plus
petit que le premier, °**paisible** et bordé de forêts. Ism **trouva** vite   *cf.* la paix

40 l'endroit qui lui °**convenait**, dans une °crique isolée et bien protégée.   inf. convenir (être
Le lendemain matin, il **partit** à la pêche. Il en **ramena** de gros pois-   approprié) / *cogn.*

[1] Luck smiled upon her.

sons. Ism avait °bien fait de remonter la rivière. C'est au bord de ce lac qu'il voulait vivre °désormais Au marché, il était fier de ses pois-sons. Chaque matin, il allait pêcher, et à chaque fois il ramenait de

45 gros poissons. Au marché, il rencontra une jeune fille du lac, Isn. Elle lui °**plut** tout de suite, et il lui **demanda** de venir vivre avec lui. Isn °**vécut** heureuse avec Ism. Elle allait vendre les poissons au marché, elle raccommodait des filets. Elle donna à Ism une fille, Ist. Ism et Isn °**vieillissaient** au bord du lac.

eu raison
à partir de ce jour

inf. plaire
inf. vivre

inf. vieillir

IV.

50 Un jour, **arriva** un jeune pêcheur. Il s'appelait Irt, c'était le fils de Isl. Il avait remonté la rivière, il voulait s'installer au bord de ce lac. Il se **construisit** une cabane dans une petite °anse tout au bout du lac. Au marché, Ist remplaçait maintenant Isn. Elle y **rencontra** Irt. Irt n'avait pas de chance depuis qu'il s'était installé. Il ne pêchait que

55 des petits poissons, en petite quantité. Ist était °désolée pour lui. Elle lui offrait souvent un des beaux poissons de Ism pour son repas du soir. Irt était [2]honteux de ne pêcher que des petits poissons, et il [3]n'osait pas lui dire qu'il était amoureux d'elle. Ce **fut** donc Ist qui °fit les premiers pas. Quelques jours plus tard, Irt **alla** demander sa

60 main.

cf. crique

très triste

inf. faire

Ist et Irt **décidèrent** de remonter la rivière, à la recherche d'un autre lac où s'installer. Ils **voyagèrent** longtemps avant de rencon-trer un tout petit lac, qui ressemblait à un lagoon. C'était là que la rivière prenait sa source. L'eau du lac était transparente et très

65 profonde. Ist et Irt s'**installèrent** au bord de ce lac, ils se **con-struisirent** une cabane. Ist ne voulait pas rester à la maison pen-dant que Irt allait pêcher. Elle voulait l'accompagner. Alors ils **pêchèrent** ensemble, chacun à un bout de la barque. Ils pêchaient des petits et de gros poissons.

70 Les années **passèrent**. Ist et Irt n'avaient pas eu d'enfants. Ils pêchaient toujours, mais ils ne pêchaient plus que des petits pois-sons qui suffisaient juste à les faire vivre. Les gros poissons avaient disparu du lac. Puis les petits poissons **commencèrent** à dis-paraître. Ist et Irt étaient maintenant très vieux. Chaque jour, ils al-

75 laient au milieu du lac pêcher les derniers petits poissons. Leur bar-que était très °abîmée, elle prenait l'eau. Tandis que Irt ramait, Ist °vidait l'eau de la barque. Un jour, Ist °n'**eut** plus assez de force pour vider toute l'eau montée brusquement dans la barque. Et Irt **con-tinua** de ramer comme s'il °ne s'était rendu compte de rien. Quand

80 ils furent arrivés au milieu du lac transparent comme un lagoon, tout doucement, la barque °s'**engloutit** avec Ist et Irt.

endommagée /
cf. vide / inf. avoir

n'avait rien remarqué

= tomba au fond du lac

[2] ashamed.   [3] did not dare.

APRES LA LECTURE

Compréhension

A. Répondez aux questions suivantes.

I. Ism et Isl

1. Où est-ce qu'ils se sont installés?
2. Qu'est-ce que l'homme faisait?
3. Qu'est-ce que la femme faisait?
4. Est-ce qu'ils étaient riches?

II. Isl et Irg

1. Qui est-ce que la femme a rencontré au marché?
2. Qu'est-ce que cette personne lui a donné?
3. Quelle a été la réaction de Ism?
4. Pourquoi est-ce que Isl a quitté Ism?
5. Est-ce qu'elle était heureuse avec Irg?
6. Comment s'appelle leur fils?

III. Ism et Isn

1. Qu'est-ce qui est arrivé à Ism après le départ de Isl?
2. Qu'est-ce qui a changé dans sa vie?
3. Qui a-t-il rencontré au marché?
4. Est-ce que Isn est différente de Isl?
5. Comment s'appelle leur fille?

IV. Ist et Irt

1. Comment est-ce que Ist a rencontré Irt?
2. Est-ce que la vie de Irt est différente de la vie de son père?
3. Pourquoi est-ce que Ist s'intéresse à Irt?
4. Qu'est-ce qu'elle fait pour lui montrer son intérêt?
5. Est-ce que Ist est différente de sa mère?
6. Comment était la vie de Ist et Irt?
7. Comment est-ce que leur vie est différente de celle de leurs parents?
8. Est-ce qu'ils ont eu des enfants?
9. Comment est-ce que leur vie s'est terminée?

B. Les poissons jouent un rôle central dans la vie de chaque couple. Comparez comment l'apparence des poissons change pour chacun d'eux (au début . . . en-suite . . . enfin).

Interprétation

1. On pourrait interpréter ce récit comme une parabole (ou une fable) sur l'histoire de l'humanité. Comment est-ce que l'auteur présente cette histoire? (Quelles sont les étapes — les moments — de cette histoire? Y a-t-il une progression?)
2. On pourrait aussi interpréter ce récit de façon écologique. Dans ce cas, quel message voyez-vous?
3. Qu'est-ce que la ressemblance des noms (Ism, Isl, etc.) suggère? Pourquoi l'auteur n'a-t-elle pas choisi des noms plus différenciés?
4. Pourquoi est-ce que l'auteur a appelé ce récit "Ist et Irt" et non pas "Ism et Isn" ou "Isl et Irg"?
5. A votre avis, pourquoi est-ce que Ist et Irt n'ont pas eu d'enfants?
6. Est-ce que la vision de Marie Redonnet est optimiste ou pessimiste? Justifiez votre réponse.

Style et langue

A. Description du paysage et des habitants

1. Faites la liste des adjectifs qui suggèrent un paysage idyllique.
2. Faites la liste des termes qui sont répétés dans chaque partie pour décrire la vie des habitants.
3. Faites la liste des expressions qui indiquent le passage du temps. Quelle est la fonction de la phrase "Les années passèrent" (l. 70)?

B. Le temps des verbes dans un récit au passé.

Dans un récit au passé, on peut utiliser quatre temps principaux: l'imparfait, le passé simple, le passé composé et le plus-que-parfait.

Fonction	Temps du verbe	Exemple
Descriptions Sentiments Activités habituelles	IMPARFAIT	Elle rencontrait.
Action Récit écrit	PASSE SIMPLE	Elle rencontra.
Action Récit oral	PASSE COMPOSE	Elle a rencontré.
Actions et états qui précèdent	PLUS-QUE-PARFAIT	Elle avait rencontré.

Maintenant, regardez les lignes 50–60 et 70–81. Faites la liste des verbes au passé simple, à l'imparfait et au plus-que-parfait; donnez leur infinitif et dites, dans chaque cas, pourquoi l'auteur a utilisé ce temps. Pourquoi est-ce qu'on ne trouve pas le passé composé dans ces passages?

Activités

1. Formez des groupes. Chaque personne du groupe racontera l'histoire d'un des couples du texte en ajoutant, si elle le désire, des détails imaginaires.
2. Imaginez que l'histoire finit bien. Modifiez la conclusion à votre manière.

Intertextualité

Thème:	Vision de l'histoire: reproduction mécanique, fin dramatique, négation de l'idée de progrès	Desnos, «Le Pélican» (2)
Traitement:	Récit en forme de fable	Diop, «Le Prix du chameau» (7)
	La répétition	Diop, «Le Prix du chameau» (7) Michaux, «Plume au restaurant» (5)

2

Discours imaginaires

4
La Légende Baoulé
Bernard Dadié

OBJECTIF

Vous allez analyser le sens et la structure d'un récit mythique.

AVANT LA LECTURE

Ouverture

Beaucoup de groupes ethniques racontent des histoires qui expliquent leur origine. Connaissez-vous un récit de ce genre? Formez plusieurs groupes dans lesquels vous allez raconter le / les récit(s) que vous connaissez. Est-ce qu'il y a des éléments communs entre vos différents récits?

Note contextuelle

Comme beaucoup de légendes, la légende que vous allez lire raconte l'origine extraordinaire de l'un des groupes ethniques les plus importants de la Côte d'Ivoire, les Baoulé. La Côte d'Ivoire est un pays d'Afrique noire situé sur la côte atlantique, près de l'équateur (voir la carte, texte 7, dans «Le Prix du chameau»).

Stratégies de langue

A. Dans ce récit, certains mots sont en caractères gras (*boldface*). Vous pouvez deviner leur signification d'après le contexte. Vous pourrez vérifier le sens de ces mots en faisant l'exercice dans **Vérification**, qui vient après le texte.

B. Apprenez à reconnaître **les mots apparentés** (*cognates*):

Donnez un mot anglais correspondant à chaque mot de la liste suivante:
   une tribu (l. 2)
   un ennemi (l. 9)
   féroce (l. 14)

l'exil (l. 21)
un fugitif (l. 29)
un conquérant (l. 33)
précieux (l. 49)
miraculeux (l. 55)

Notez que certains mots français correspondent à deux mots apparentés en anglais:

(l. 25, l. 31)
un génie = *a genie* ou *a genius*

Stratégies de lecture

A. Lisez la première phrase du texte:

«Il y a longtemps, très longtemps, vivait au bord d'une lagune calme, une tribu paisible de nos frères.»

1. Comment commence cette phrase? Pourquoi?
2. Où est le sujet de cette phrase? L'inversion du sujet et du verbe est une technique poétique fréquente dans ce type de récit.

B. Pour comprendre le sens général de ce qui va suivre, il n'est pas nécessaire de savoir tous les mots. Le contexte vous aide. Par exemple, ll. 17–18, vous reconnaîtrez les noms de certains animaux et vous pourrez deviner leur réaction. C'est suffisant pour vous permettre de continuer votre lecture.

LECTURE

Bernard Dadié, *La Légende Baoulé*

Il y a longtemps, très longtemps, vivait au bord d'une °lagune   *cogn.*
calme, une tribu paisible de nos frères. Ses jeunes hommes étaient
nombreux, nobles et courageux, ses femmes étaient belles et
joyeuses. Et leur reine, la reine Pokou, était la plus belle parmi les
5 plus belles.

   Depuis longtemps, très longtemps, la paix était sur eux et les
°esclaves mêmes, fils des °captifs des temps °révolus, étaient heureux   *cogn. / cogn. /* passés
auprès de leurs heureux maîtres.

   Un jour, les ennemis °vinrent nombreux comme des ¹magnans. °Il   *inf.* venir / *cf.* il faut
10 fallut quitter les °paillotes, les plantations, la lagune °poissonneuse,   huttes / *cf.* le pois-
laisser les ²filets, tout abandonner pour **fuir**.   son

¹ large ants.   ² nets.

Ils partirent dans la forêt. Ils laissèrent aux [3]épines leurs °pagnes,   vêtements africains
puis leur [4]chair. Il fallait fuir toujours, sans repos, **sans trève,**
talonné par l'ennemi féroce.

15   Et leur reine, la reine Pokou, marchait la dernière, portant au dos
son enfant.

A leur passage l'hyène °ricanait, l'éléphant et le [5]sanglier   *cf.* rire
°fuyaient, le chimpanzé grognait et le lion étonné s'écartait du   *inf.* fuir
chemin.

20   Enfin, les °broussailles °apparurent, puis la savane et les °rôniers   petits arbres épineux /
et, encore une fois, la °horde **entonna** son chant d'exil: *inf.* apparatre /
arbres / tribu

> Mi houn Ano, Mi houn Ano, blâ ô
> Ebolo nigué, mo ba gnan min—
> Mon mari Ano, mon mari Ano, viens,
25   > Les génies de °la brousse m'emportent.   *cf.* les broussailles

Harassés, **exténués, amaigris,** ils arrivèrent sur le soir au bord
d'un grand fleuve dont le °cours se °brisait sur d'énormes rochers.   courant / cassait
Et le fleuve °**mugissait,** les flots montaient jusqu'aux °cimes des   *inf.* mugirsommets
arbres et retombaient et les fugitifs étaient °glacés d'effroi.   terrifiés
30   **Consternés,** ils se regardaient. Etait-ce là l'Eau qui les faisait vivre
°naguère, l'Eau, leur grande amie? Il avait fallu qu'un mauvais génie   dans le passé
l'°excitât contre eux.   *inf.* exciter (*subj.*)
Et les conquérants devenaient plus proches.
Et pour la première fois, le °sorcier parla: *cogn.*
35   «L'eau est devenue mauvaise, dit-il, et elle ne **s'apaisera** que
quand nous lui aurons donné ce que nous avons de plus cher.»
Et le chant d'espoir **retentit:**

> Ebe nin flê nin bâ
> Ebe nin flê nin nan
40   > Ebe nin flê nin dja
> Yapen' sè ni djà wali
> Quelqu'un appelle son fils
> Quelqu'un appelle sa mère
> Quelqu'un appelle son père
45   > Les belles filles se marieront.

Et chacun donna ses bracelets d'or et d'°ivoire, et tout ce qu'il   *cogn.*
avait pu sauver.

---

[3] thorns.   [4] flesh.   [5] wild boar.

Mais le sorcier les **repoussa** du pied et montra le jeune prince, le bébé de six mois: «Voilà, dit-il, ce que nous avons de plus précieux.»

50 Et la mère, effrayée, **serra** son enfant sur son cœur. Mais la mère était aussi la reine et, droite au bord de °l'abîme, elle leva l'enfant souriant au-dessus de la tête et le °lança, dans l'eau mugissante.

cogn. (le précipice)
cogn.

Alors des hippopotames, d'énormes hippopotames émergèrent et, se plaçant les uns à la suite des autres, formèrent un pont et sur 55 ce pont miraculeux, le peuple en fuite passa en chantant:

Ebe nin flê nin bâ
Ebe nin flê nin nan
Ebe nin flê nin dja
Yapen' sè ni djà wali
60 Quelqu'un appelle son fils
Quelqu'un appelle sa mère
Quelqu'un appelle son père
Les belles filles se marieront.

Et la reine Pokou passa la dernière et trouva sur °la rive son peuple 65 **prosterné.**

le bord

inf. pouvoir

Mais la reine était aussi la mère et elle °put dire seulement «baouli», ce qui veut dire: l'enfant est mort.

Et c'était la reine Pokou et le peuple °garda le nom de Baoulé.

= adopta

APRES LA LECTURE

Vérification

D'après le contexte, quel est le sens des mots suivants?

1. (l. 2) **paisible** (*cf.* la paix)   (a) calme   (b) nombreux   (c) heureux
2. (l. 11) **fuir** (*cf.* la fuite)   (a) gagner leur vie   (b) voyager   (c) partir très vite
3. (l. 13) **sans trève**   (a) sans savoir où ils allaient   (b) sans s'arrêter   (c) sans manger
4. (l. 14) **talonné** (*cf.* le talon)   (a) attaqué   (b) tué   (c) suivi de très près
5. (l. 21) **entonner**   (a) commencer à chanter   (b) répéter   (c) inventer
6. (l. 26) **exténués**   (a) n'ayant plus de nourriture   (b) très fatigués   (c) ayant perdu beaucoup de membres de la tribu
7. (l. 26) **amaigris** (*cf.* maigre)   (a) dont les ressources sont maigres   (b) devenus plus maigres   (c) qui n'a plus de ressources
8. (l. 28) **mugir** (*cf.* mugissant)   (a) couler abondamment   (b) devenir rouge   (c) faire un bruit très fort

9. (l. 30) **consternés** (*cf.* la consternation)   (a) contents   (b) affligés
   (c) condamnés
10. (l. 35) **s'apaiser** (*cf.* la paix)   (a) devenir violent   (b) devenir calme
    (c) devenir sombre
11. (l. 37) **retentir**   (a) résonner   (b) finir   (c) répéter
12. (l. 48) **repousser**   (a) rejeter   (b) toucher   (c) rassembler
13. (l. 50) **serrer**   (a) tenir   (b) lever   (c) presser
14. (l. 65) **prosterné**   (a) assis   (b) debout   (c) incliné

Réponses: 1. a   2. c   3. b   4. c   5. a   6. b   7. b   8. c   9. b   10. b   11. a
12. a   13. c   14. c

Compréhension

1. Où est-ce que les Baoulé vivaient il y a très longtemps?
2. Comment était leur vie?
3. Qu'est-ce qui est arrivé un jour?
4. Qu'est-ce que les Baoulé ont fait?
5. En route, quel obstacle est-ce qu'ils ont rencontré?
6. Pourquoi est-ce que le sorcier dit: «L'eau est devenue mauvaise»? Comment était l'eau avant la fuite de la tribu?
7. Qu'est-ce que le sorcier demande à la tribu pour calmer l'eau? Qu'est-ce qu'il demande à la reine?
8. Qu'est-ce que la reine a fait pour aider son peuple à traverser le fleuve?
9. Quel est le sens du mot «baouli»?
10. Qu'est-ce que cette légende explique?

Interprétation

1. Trouvez dans le texte les adjectifs qui décrivent les participants de l'action:

   a. la tribu avant la fuite
   b. la tribu pendant la fuite
   c. les ennemis (les conquérants)
   d. la reine
   e. la mère

2. Qu'est-ce qui est demandé à la reine? Comment définissez-vous cet acte? Est-ce que cela vous fait penser à d'autres récits dans la tradition occidentale où il est question de sacrifice?
3. Est-ce que le sacrifice de l'enfant a été utile? Comment?
4. Pourquoi est-ce que la reine a trouvé son peuple prosterné?
5. Le chef de la tribu est une femme. Quel geste indique que la reine est d'abord une mère? Est-ce important pour l'histoire? Est-ce que cette légende aurait le même effet sur vous si le chef était un homme?

6. Parmi les thèmes qui suivent, quels sont ceux qui caractérisent le mieux ce mythe?

    l'espoir, l'exil, la fuite, le malheur, la naissance du héros ou de l'héroïne, l'origine, la perte, la promesse, la punition, la quête, la ré-compense, la rédemption, le retour, le sacrifice, la vengeance

7. Dans cette légende, on suit un peuple en exode. Connaissez-vous d'autres récits du même genre? Est-ce qu'il y a des ressemblances avec le récit bi-blique d'Adam et Eve? Quels thèmes est-ce que ces récits ont en commun? (la vie idyllique, le malheur, l'exil, le voyage, etc.) Est-ce que vous y voyez une progression semblable? Quels obstacles apparaissent? Quelles solutions se présentent?

Style et langue

1. Faites la liste des expressions de temps qui se trouvent au début de certains paragraphes.
2. Faites la liste des petits mots par lesquels presque tous les autres paragraphes commencent et qui marquent la progression du récit.
3. Regardez le temps des verbes. Quel est le temps utilisé dans les deux premiers paragraphes? Dans le reste du texte, quel est le temps utilisé le plus souvent? Pourquoi y a-t-il ce changement?
4. Dans cette légende, on observe la répétition de mots, d'expressions et de con-structions grammaticales. Trouvez des exemples de ces répétitions. Quels effets est-ce qu'elles produisent?
5. L'auteur introduit deux chants dans le récit. Quel nom est-ce qu'il donne à chacun de ces chants? Quel est le rôle de ces chants dans le récit?
6. Les sons ont aussi une grande importance. Retrouvez les mots et expressions qui évoquent des sons.
7. L'art de raconter une légende: en vous inspirant des réponses aux questions précédentes, dressez une liste des éléments stylistiques qui sont caractéristiques d'une légende.

Activités

1. En Côte d'Ivoire cette légende était destinée à être racontée à la tribu. A vous, maintenant, de la raconter. Groupez-vous par 3 ou 4. Dans chacun des groupes, chaque étudiant choisira une partie du récit.
2. Imaginez une autre fin pour la légende que vous venez de lire (les ennemis rat-trapent les Baoulé; ils sont sauvés par des éléphants, etc.).
3. Racontez ou inventez l'histoire d'un(e) de vos ancêtres devenu(e) figure de légende dans votre famille.

Intertextualité

Thème	L'Afrique	Diop, «Le Prix du chameau» (7)
Traitement:	Récit mythique sur l'origine du nom	Diop, «Le Prix du chameau» (7)

5
Plume au restaurant
Henri Michaux

OBJECTIF

Vous allez chercher dans ce récit, d'apparence absurde, un message symbolique.

AVANT LA LECTURE

Ouverture

A. Qui sont les personnes qui se trouvent en général dans un restaurant?

le propriétaire du restaurant (le chef de l'établissement)
le maître d'hôtel (celui qui dirige le service)
le serveur (le garçon)/la serveuse
les clients (le client/la cliente)
les consommateurs (le consommateur / la consommatrice)

Complétez les blancs par la personne appropriée:

Le client entre dans un restaurant.

1. _____ lui dit bonjour, l'accompagne à une table et lui donne la carte.
2. _____ consulte la carte pour voir si son plat favori y figure aujourd'hui.
3. _____ apporte du pain.
4. _____ commande seulement un hors-d'œuvre et un dessert car il n'y a pas de côtelettes (*chops*).
5. _____ consomme deux bouteilles d'eau minérale.
6. A la fin du repas, _____ tend (donne) au _____ un billet de cent francs pour régler l'addition.

B. Dans un restaurant, le chef d'établissement vous accuse de faire quelque chose (par exemple, de vouloir partir sans régler l'addition, de voler des serviettes / une assiette / un verre, etc.) Vous êtes innocent(e). Vous expliquez pourquoi.

1. Jouez la scène avec un(e) autre étudiant(e).
2. Puis décrivez la scène et vos sentiments à un(e) autre étudiant(e).

Vous trouverez dans le texte suivant du vocabulaire qui vous sera utile pour parler de cette situation et de vos sentiments.

> Le propriétaire d'un restaurant accuse Jean-François de voler une assiette. Il est très gêné (*embarrassed*) car il se sent coupable (*guilty*). D'abord il n'avoue pas (*confess*). Il nie (*denies*) l'accusation, mais le chef de l'établissement se fâche et lui dit: «Si vous ne me rendez pas l'assiette, je vais appeler la police et vous serez puni (*punished*).»

Note contextuelle

Comprenons la hiérarchie dans différents services de police, du grade le plus bas au grade le plus élevé.

un agent de police / un policier
un commissaire de police
un agent de la sûreté (la police du territoire, sorte de F.B.I.)
un chef de la Sûreté
un agent de la Secrète (les Services secrets)
un chef de la Secrète

Stratégies de langue

A. Apprenez à comprendre comment une longue phrase est construite.

Premier exemple (ll. 6–9):

. . . J'ai demandé °à tout hasard une côtelette, pensant que peut-être il y en avait, ou que sinon on en trouverait aisément dans le °voisinage, mais prêt à demander tout autre chose °si les côtelettes faisaient défaut.

°sans savoir

°quartier/s'il n'y avait pas de côtelettes

Cette longue phrase est construite autour de deux idées principales liées par la conjonction **mais**, qui exprime le contraste ou l'opposition:

J'ai demandé une côtelette **mais** j'étais prêt à demander tout autre chose.

La première idée est développée par le participe présent **pensant** qui introduit deux raisons:

J'ai demandé une côtelette, **pensant que** . . . **ou** [pensant]
que . . .

— Quelles raisons est-ce que Plume donne?

La seconde idée dépend d'une condition introduite par **si**.

— A quelle condition est-ce que Plume aurait été prêt à commander quelque chose d'autre?

Deuxième exemple (ll. 21–22):

. . . Je ne l'ai pas regardée, parce que °j'ai la vue fort basse, et   je ne vois pas bien
que je n'avais pas mon °pince-nez sur moi, . . .   *cogn.*

Notez que, dans cette phrase, les deux raisons données sont introduites par **parce que . . . et** [parce] **que . . .**

B.   Apprenez à reconnaître le participe présent.

«en lui tend**ant** l'appareil» (l. 61) = *while hand**ing** him the receiver*

Trouvez dans le texte d'autres exemples du participe présent:

être (l. 5)
penser (l. 6)
relever (l. 17)
avoir (ll. 43, 53, 60)
revenir (ll. 48, 49)
tendre (l. 61)
pousser (l. 63)

Stratégies de lecture

A.   Avant de lire dans le détail, survolez (*scan*) le texte pour:

1. dresser la liste des différentes personnes citées.
2. chercher la phrase qui est répétée plusieurs fois.

B.   Utilisez les questions suivantes pour vous guider dans votre lecture:

1. Qu'est-ce que Plume a commandé?
2. Est-ce que cela figurait sur la carte?
3. Pourquoi est-ce qu'il s'excuse?
4. Combien de fois est-ce qu'il s'excuse?
5. Qui sont les gens qui viennent le trouver?
6. Est-ce que ses explications sont toujours les mêmes?
7. Quelle solution propose-t-il chaque fois?
8. Est-ce qu'elle est acceptée? Pourquoi?
9. Qu'est-ce qui arrive à la fin?

LECTURE

Henri Michaux, *Plume au restaurant*

Plume déjeunait au restaurant, quand le maître d'hôtel s'approcha, le regarda sévèrement et lui dit d'une voix basseet mystérieuse: «Ce que vous avez là dans votre assiette ne figure *pas* sur la carte.»

Plume s'excusa aussitôt.

5 — Voilà, dit-il, étant pressé, je n'ai pas pris la peine de consulter la carte. J'ai demandé à tout hasard une côtelette, pensant que peut-être il y en avait, ou que sinon on en trouverait aisément dans le voisinage, mais prêt à demander tout autre chose si les côtelettes faisaient défaut. Le garçon, sans se montrer particulièrement étonné,
10 °s'éloigna et me l'apporta peu après et voilà . . .   *cf.* loin

Naturellement, je la paierai le prix qu'il faudra. C'est un beau morceau, °je ne le nie pas. Je le paierai son prix sans hésiter. Si j'avais   je ne dis pas le con-
su, j'aurais °volontiers choisi une autre viande ou simplement un   traire / avec plaisir
œuf, de toute façon maintenant je n'ai plus très faim. Je vais vous
15 °régler immédiatement.   payer

Cependant le maître d'hôtel ne bouge pas. Plume se trouve atrocement gêné. Après quelque temps relevant les yeux . . . hum! c'est maintenant le chef de l'établissement qui se trouve devant lui.

Plume s'excusa aussitôt.

20 — °J'ignorais, dit-il, que les côtelettes ne figuraient pas sur la   Je ne savais pas
carte. Je ne l'ai pas regardée, parce que j'ai la vue fort basse, et que je n'avais pas mon pince-nez sur moi, et puis, lire me fait toujours un mal atroce. J'ai demandé la première chose qui m'est venue à l'esprit, et plutôt pour °amorcer d'autres propositions que par goût   commencer
25 personnel. Le garçon sans doute préoccupé n'a pas cherché plus loin, il m'a apporté ça, et moi-même d'ailleurs tout à fait [1]distrait °je   j'ai commencé
me suis mis à manger, enfin . . . je vais vous payer à vous-même puisque vous êtes là.

Cependant, le chef de l'établissement ne bouge pas. Plume se
30 sent de plus en plus gêné. Comme il lui tend un °billet, il voit tout à   billet de banque
coup la [2]manche d'un uniforme; c'était un agent de police qui était devant lui.

Plume s'excusa aussitôt.

— Voilà, il était entré là pour se reposer un peu. Tout à coup, on
35 lui crie °à brûle-pourpoint: «Et pour Monsieur? Ce sera . . . ?» — «Oh   soudain
. . . °un bock», dit-il. «Et après? . . .» cria le garçon fâché; alors plutôt   une bière

---

[1] absent-minded.   [2] sleeve.

pour s'en débarrasser que pour a utre chose: «Eh bien, un côtelette!».

Il n'y °songeait déjà plus, quand on la lui apporta dans une as-   pensait
40 siette; alors, ma foi, comme c'était là devant lui . . .

— Ecoutez, si vous vouliez essayer d'arranger cette affaire, vous
seriez bien gentil. Voici pour vous.

Et il lui tend un billet de cent francs. Ayant entendu °des pas   le bruit des pieds
s'éloigner, il se croyait déjà libre. Mais c'est maintenant le commis-
45 saire de police qui se trouve devant lui.

Plume s'excusa aussitôt.

— Il avait pris un rendez-vous avec un ami. Il l'avait °vainement   sans succès
cherché toute la matinée. Alors comme il savait que son ami en reve-
nant du bureau passait par cette rue, il était entré ici, avait pris une
50 table près de la fenêtre et comme d'autre part °l'attente pouvait être   *cf.* attendre
longue et qu'il ne voulait pas avoir l'air de °reculer devant la   refuser de payer trop
dépense, il avait commandé une côtelette; pour avoir quelque chose   cher
devant lui. Pas un instant il ne songeait à consommer. Mais l'ayant
devant lui, machinalement, sans se rendre compte le moins du
55 monde de ce qu'il faisait, il s'était mis à manger.

Il faut savoir que pour rien au monde il n'irait au restaurant. Il ne
déjeune que chez lui. C'est un principe. Il s'agit ici d'une pure distraction, comme il peut en arriver à tout homme °énervé, une incon-   *cf.* le nerf (agité)
science °passagère; rien d'autre.   temporaire
60 Mais le commissaire, ayant appelé au téléphone le chef de la
sûreté: «Allons, dit-il à Plume en lui tendant l'appareil. Expliquez-
vous une bonne fois.

C'est votre seule chance °de salut.» Et un agent le poussant   d'être sauvé
brutalement lui dit: «°Il s'agira maintenant de marcher droit, hein?»   Il faudra
65 Et comme les [3]pompiers faisaient leur entrée dans le restaurant, le
chef de l'établissement lui dit: «Voyez quelle °perte pour mon éta-   *cf.* perdre
blissement. Une vraie catastrophe!» Et il montrait la salle que tous
les consommateurs avaient quittée °en hâte.   vite

Ceux de la Secrète lui disaient: «°Ça va chauffer, nous vous préve-   Ça va être mauvais
70 nons. Il vaudra mieux confesser toute la vérité. Ce n'est pas notre   pour vous
première affaire, croyez-le. Quand ça commence à prendre °cette   cet aspect
tournure, c'est que c'est grave.»

Cependant, [4]un grand rustre d'agent par-dessus son épaule lui
disait: «Ecoutez, je n'y peux rien. C'est l'ordre. Si vous ne parlez pas
75 dans l'appareil, je °cogne. C'est entendu? Avouez! Vous êtes   *fam.* frappe
[5]prévenu. Si je ne vous entends pas, je cogne.»

[3] firemen.   [4] a big bully of a policeman.   [5] warned.

APRES LA LECTURE

Vérification

A **qui** ou à **quoi** est-ce que les pronoms en caractères gras se réfèrent?

l. 10   et me **l'**apporta
l. 21   je ne **l'**ai pas regardée
l. 30   il **lui** tend un billet
l. 36   «. . . un bock», dit-**il**
l. 44   **il** se croyait déjà libre
l. 47   il **l'**avait vainement cherché
l. 49   **il** était entré
l. 56   **il** n'irait au restaurant
l. 61   «Allons, dit-**il** à Plume
l. 66   le chef de l'établissement **lui** dit
l. 69   nous **vous** prévenons
l. 70   Ce n'est pas **notre** première affaire

Compréhension

En répondant aux questions suivantes, vous pourrez vérifier vos réponses aux questions de **Stratégies de lecture (B.):**

1. Plume a commandé   (a) un bifteck.   (b) des œufs.   (c) une côtelette.
2. (a) C'était sur la carte.   (b) Ce n'était pas sur la carte.   (c) Le garçon le lui a proposé.
3. Plume croit qu'il est accusé   (a) d'avoir choisi un plat qui n'était pas sur la carte.   (b) de ne pas l'avoir payé.   (c) de ne pas l'avoir mangé.
4. Comme solution il propose   (a) de commander un autre plat.   (b) de régler l'addition tout de suite.
5. Plusieurs personnes viennent le voir: (a) le chef de l'établissement, (b) le maître d'hôtel, (c) le commissaire de police, (d) un agent de police. Dans quel ordre? D'abord, _____ , puis _____ , ensuite _____ et enfin _____ .
6. Il s'était déjà expliqué quatre fois   (a) en répétant la même chose.   (b) en variant ses explications.
7. A la fin   (a) on trouve une solution.   (b) on lui demande de payer.   (c) on lui demande de s'expliquer encore une fois.

Réponses: 1. c   2. b   3. a   4. b   5. b, a, d, c   6. b   7. c

Interprétation

Après avoir relu le texte, répondez aux questions suivantes:

1. A quoi est-ce que cette scène vous fait penser?   (a) à une scène réaliste d'un consommateur au restaurant.   (b) à un mauvais rêve.   (c) à un tribunal avec un accusé et des accusateurs.

2. Quel est le premier détail qui indique que la situation a quelque chose d'étrange?
3. Sur quel ton est-ce que le maître d'hôtel parle à Plume? Est-ce que Plume a raison de se sentir accusé à ce moment-là?
4. Quand est-ce qu'on s'excuse en général? Pourquoi Plume s'excuse-t-il? A-t-il raison de vouloir s'excuser?
5. Est-ce qu'il y a une certaine progression dans la liste des personnages qui viennent trouver Plume? Pourquoi?
6. Comparez les quatre récits de Plume. Qu'est-ce qui change? Qu'est-ce qui ne change pas? Y a-t-il des constantes (des éléments qui reviennent tout le temps)?
7. Cherchez les expressions qui montrent que la stratégie que Plume adopte pour se défendre est toujours la même: la non-préméditation.
8. Pourquoi Plume ne raconte-t-il pas toujours la même histoire?
9. A votre avis, est-ce qu'il y a une explication qui serait la vraie?
10. S'il n'y en a pas, qu'est-ce qui va maintenant arriver à Plume?
11. En offrant de l'argent, qu'est-ce que Plume croit (et nous dit) de la société?
12. Finalement, Plume a-t-il commis un crime ou non? Est-ce qu'il a désobéi, d'une certaine façon, à un règlement?
13. Comparez ce que le maître d'hôtel semble reprocher à Plume au début et ce que le chef de la Sûreté semble lui reprocher à la fin. Est-ce tout à fait la même chose?
14. A la fin du récit Plume comprend-il clairement les raisons de sa culpabilité?

Style et langue

A. On peut comparer ce texte à une pièce de théâtre composée de scènes.

1. Pouvez-vous identifier ces scènes?
2. Par quelle phrase commence chacune des scènes?
3. A l'intérieur de chaque scène, quel est le mot qui introduit un nouvel obstacle? (Il y a deux mots dans le texte qui ont cette fonction.)

B. Quelles sont les différentes voix narratives du texte? (Quelles sont les différentes personnes qui parlent?) Retrouvez:

1. les parties où Plume parle.
2. les parties où le narrateur parle.
3. les parties où ce n'est ni Plume ni le narrateur qui parle.

C. Quelles sont les techniques utilisées pour créer l'effet d'absurdité et d'étrangeté? Quels sont les éléments illogiques de l'histoire?

D. En fait, «Plume au restaurant» est un texte qui, comme une **fable** ou une **parabole,** a un **sens symbolique.** Il met en scène l'individu contre la société.

1. Plume est le nom du personnage. A quoi est-ce que ce nom vous fait penser? Plume serait-il n'importe quel homme ou n'importe quelle femme? Quelle serait sa situation dans l'existence? Pourquoi se sentirait-il coupable?

2. A votre avis, pourquoi est-ce que les autres personnages n'ont pas de nom?

3. Qu'est-ce que Michaux veut nous dire sur le statut de l'individu dans la société moderne?

E. Lisez cette brève notice biographique sur Michaux:

Henri Michaux est un poète né à Namur, en Belgique, en 1899. Son premier recueil important, *Qui je fus*, est publié en 1927. Dès cette époque, ses écrits expriment une révolte inspirée par l'hostilité qu'il ressent de la part du monde. En 1928, il effectue un long voyage autour du monde. Il séjourne en particulier en Amérique du Sud et en Extrême-Orient. C'est à l'issue de ce voyage qu'il publie, en 1932, *Un Barbare en Asie*. Ses œuvres évoquent cependant beaucoup plus le monde intérieur, imaginaire et fantastique, ainsi que la difficulté de vivre, que l'horizon quotidien. Il crée un personnage devenu célèbre, Monsieur Plume, qui, de façon très symbolique, ne cesse de se heurter au monde extérieur (*Plume*, 1937).

Dans cette notice, on dit que Michaux est poète. Est-ce que «Plume au restaurant» correspond à l'idée que vous vous faites de la poésie? Justifiez votre réponse.

Activités

1. Racontez à la première personne la scène ll. 34–40 et la scène ll. 47–59.

2. Transformez ce texte en une pièce que vous allez jouer en classe. Distribuez les rôles de chaque scène et écrivez les dialogues. Vous pouvez imaginer des scènes supplémentaires si vous voulez. Les acteurs (et les actrices!) doivent décider ensemble comment ils veulent interpréter la pièce: une comédie avec des gags amusants? une comédie absurde? une tragédie où l'ambiance devient de plus en plus menaçante à mesure que la peur de Plume augmente?

3. Imaginez-vous à la place de Plume dans le texte. Qu'est-ce que vous auriez dit? Qu'est-ce que vous auriez fait? (Commencez par: Si j'avais été à la place de Plume, j'aurais . . . , je serais . . . , etc.)

4. Maintenant, faites un court portrait moral de Plume, en imaginant que c'est un de vos amis (vous le voyez donc de l'intérieur).

5. Imaginez que vous étiez l'un des consommateurs au restaurant. Racontez la scène et décrivez cet inconnu étrange (vous le voyez donc de l'extérieur).

6. Imaginez que vous vous trouvez dans une situation embarrassante dans un restaurant (vous avez oublié votre argent; les amis avec qui vous êtes se disputent, etc.).

Intertextualité

Thème:	L'individu et la société	Prassinos, «La Gomme» (6)
Traitement:	La satire sociale	Sallenave, *Un Printemps froid* (14)
	L'humour et l'absurde	Prassinos, «La Gomme» (6)
	La répétition comme forme narrative	Diop, «Le Prix du chameau» (7) Redonnet, «Ist et Irt» (3)

6
La Gomme
Gisèle Prassinos

OBJECTIF

Vous allez voir comment un discours imaginaire peut être organisé autour du passage du sens propre au sens figuré, et inversement.

AVANT LA LECTURE

Ouverture

Jeu de rôles: dans la rue, un artiste dessine des portraits rapides. Vous lui demandez de faire le vôtre. Vous lui posez des questions pendant qu'il vous dessine et vous discutez votre portrait.

Utilisez les termes suivants: un dessin, dessiner, un crayon, effacer ou gommer (*to erase*), une gomme (*an eraser*).

Stratégies de langue

Apprenez à reconnaître:

A. *Le vocabulaire du corps.* Vous ne connaissez peut-être pas les mots **la peau** (*skin*) et **la chair** (*flesh*), mais vous en connaissez d'autres. Pouvez-vous trouver, dans le dessin suivant, un mot correspondant à chaque numéro?

1. _____   2. _____   5. _____   6. _____

3. _____   4. _____   7. _____   8. _____

Vérifiez vos réponses: 1. la joue   2. le visage   3. l'omoplate   4. l'œil
5. la hanche   6. la bouche   7. le ventre   8. la main

B. *Le sens littéral et le sens figuré d'un même mot.*

Certains mots peuvent avoir deux ou plusieurs sens:

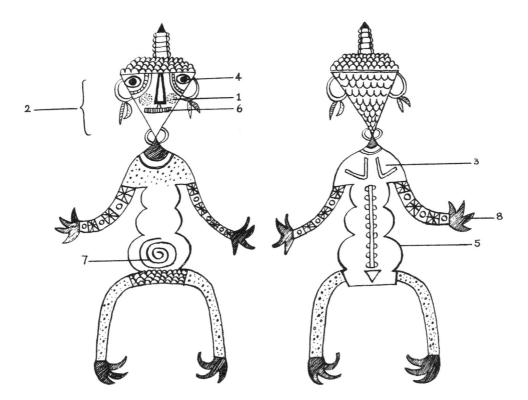

1. On peut dire, au sens «propre» ou concret:

ou
> Le dessin est **effacé** (*erased*).
> La disquette est **effacée**.

2. Mais **effacé(e)** a aussi un sens moins concret, plus abstrait, un sens «figuré»:

Cette personne est **effacée** = Cette personne est timide, réservée, **sauvage**.

C. *Un suffixe.*

Le suffixe **-âtre** ajouté à l'adjectif est l'équivalent du suffixe *-ish* en anglais:

(ll. 21–22) des taches blanch**âtres** = *whitish spots*

D. *Les constructions avec certaines expressions.*

(l. 11) **sans doute** + . . . : inversion obligatoire du sujet et du verbe
(l. 17) **à mesure que** (*as*) + . . . : inversion littéraire du sujet et du verbe
(l. 21) **il arriva que** (*it happened that*) + . . . : construction impersonnelle

Stratégies de lecture

A. Lisez d'abord le premier paragraphe:

> ON A TOUJOURS DIT DE MOI: «ELLE EST EFFACEE».
> «Effacée . . . » Enfant, ce mot m'évoquait un portrait dessiné au crayon et °s'éclipsant sous la friction d'une gomme. °disparaissant
> J'imaginais, entre les ¹pelures roulées de caoutchouc, quelque chose de °blême comme une très vieille photographie. °pâle

1. Regardez le dessin fait par l'auteur qui accompagne le texte. Décrivez-le. Quelle est votre réaction? Le trouvez-vous beau, laid, curieux, bizarre, comique, réaliste, poétique, mystérieux, etc.?
2. Regardez le titre. Quel est le rapport entre le dessin et le titre?
3. Lisez la première phrase du texte: «On a toujours dit de moi: ‹Elle est effacée›». Est-ce que l'adjectif **effacée** est employé au sens propre ou au sens figuré?
4. Lisez le reste du paragraphe. Dans quel sens est-ce que l'auteur utilise le mot **effacée**?

B. Pour faciliter votre lecture, ce texte a été divisé en trois parties (**I, II** et **III**). Une bonne stratégie pour ce genre de texte est de lire chaque partie et de répondre immédiatement aux questions correspondantes (dans **Compréhension**) avant de passer à la partie suivante.

¹ rolled eraser shavings.

LECTURE

Gisèle Prassinos, *La Gomme*

I. ON A TOUJOURS DIT DE MOI: «ELLE EST EFFACEE».

«Effacée . . .» Enfant, ce mot m'évoquait un portrait dessiné au crayon et s'éclipsant sous la friction d'une gomme. J'imaginais, entre les pelures roulées de caoutchouc, quelque chose de blême comme
5 une très vieille photographie.

J'ai joué docilement mon rôle de modeste, de sauvage. Dans les réunions où, jeune fille, on m'envoyait de force pour me «civiliser», je demeurais °à l'écart, silencieuse. Dans les °salons, les bals, je °me tenais de préférence derrière un °pilier ou ¹l'encoignure d'une porte. °isolée / = réunions / restais / *cogn.*

¹ corner.

10 On me salua encore quelque temps puis je °fus oubliée. *inf.* être

Sans doute avait-on réellement cessé de me voir car des individus, hommes et femmes, [2]me heurtaient et ne s'excusaient pas. Des groupes, désireux de s'isoler pour des conversations secrètes, venaient se placer tout près de l'endroit où j'étais cachée sans °se faire attention à

15 soucier de ma présence. Je n'entendais rien de ce qu'ils disaient, °si- excepté
non une [3]bousculade de paroles qui me mettaient mal à l'aise.

Mais pourquoi ces gens-là, °à mesure que passaient les années, pendant que
devenaient-ils toujours plus gros, plus grands, plus nombreux à
°m'étouffer et moi plus petite? Et pourquoi, adulte enfin, me re- m'empêcher de respirer

20 trouvais-je °immanquablement parmi ces foules sans l'avoir voulu? = toujours
II.

Il arriva qu'au retour d'une soirée, je remarquai des °taches blan- marques
châtres sur mon corps. Certaines ressemblaient à des mains, d'autres
à un morceau de hanche, de ventre ou d'omoplate.

Plus tard, je °m'aperçus qu'en rentrant de mes promenades, je *inf.* s'apercevoir

25 rapportais des traces d'espèces différentes. C'était, imprimées tout le
long de moi, les images °brouillées de fragments d'hommes ou pas claires
d'[4]attelages, °figés dans leur course. Au début, tout cela disparaissait immobilisés
le lendemain pour se renouveler à l'occasion. Ce qui n'est plus le cas
aujourd'hui, les °gravures s'accumulent. *cogn.* (= dessins)

30 Maintenant, les choses de la nature elles-mêmes se °plaisent à me *inf.* plaire
tourmenter. Le tronc d'un arbre, une portion de nuage obscur, la
direction de la pluie, demeurent °inscrits sur ma peau. Depuis quel- *p.p.* inscrire
ques jours, je vois celle-ci [5]s'écailler aux endroits °atteints. Au-des- *p.p.* atteindre
sous, la chair qui semble [6]brûlée, s'en va peu à peu en [7]poussière. Je (toucher)

35 °m'amenuise. deviens plus mince (petite)
III.

«Elle est effacée . . .» disaient-ils. Non . . . pas encore mais il est
certain qu'on °cherche à m'°annuler. on veut / *cogn.* (*cf.* nul)

Ce soir, je me suis dit qu'il serait moins humiliant d'°agir moi- *cf.* l'acte, l'action
même et de la manière la plus concrète.

40 Avant d'aller dormir, j'ai pris par °dérision ma gomme d'écolière *cogn.*
et, °campée devant un °miroir, j'ai commencé à la promener sur ma installée / *cogn.*
joue. Quel étonnement de constater que l'opération réussissait si
bien. Mon visage n'est déjà plus symétrique. Un léger vide °creuse *cf.* un creux (trou)
son côté droit en [8]sillages parallèles comme de [9]griffes sur un °plâtre *cogn.*

45 humide. Mon œil est usé, °scellé, c'est celui d'une morte. De même fermé
un coin de ma bouche ne °s'écartera plus jamais. s'ouvrira

---

[2] bumped into me.   [3] a jumble.   [4] horse-drawn carriages.   [5] scale off.
[6] burned.   [7] dust.   [8] furrows.   [9] scratches.

Ce ne sera pas long. Demain je °poursuivrai mon °ouvrage et   continuerai / travail
chaque jour qui viendra, jusqu'à enfin °m'anéantir totalement et   me faire disparaître
sans l'intervention de personne.

APRES LA LECTURE

Vérification

A. Mots apparentés (*cognates*).
Trouvez les mots anglais qui ont un sens similaire et qui correspondent à:

s'éclipser (l. 3)
ressembler à (l. 22)
tourmenter (l. 31)
un miroir (l. 41)
symétrique (l. 43)

B. Faux amis (*false cognates*).
Les mots suivants ont deux sens: un sens apparenté et un autre sens. Donnez pour chaque mot un équivalent anglais des deux sens:

	Cognates	*False cognates*	
sauvage	_____	_____	(l. 6)
saluer	_____	_____	(l. 10)
une espèce	_____	_____	(l. 25)

Compréhension

I. Première partie (ll. 1–20)

   1. Retrouvez les adjectifs qui décrivent la narratrice: (a) comme enfant, (b) comme jeune fille.
   2. Y a-t-il des adjectifs qui nous permettent de faire son portrait physique?
   3. Pourquoi est-ce que la narratrice allait dans des réunions et des bals? Etait-elle heureuse d'y aller? Qu'est-ce qu'elle y faisait?
   4. Quelles attitudes est-ce que les autres personnes avaient envers elle dans ces réunions?
   5. Quelle réaction est-ce que les autres personnes provoquaient chez la narratrice devenue adulte?
   6. Faut-il comprendre sa vision des autres personnes symboliquement ou au sens littéral?

II. Deuxième partie (ll. 21–35)

   1. Qu'est-ce que la narratrice remarque un soir?

2. Quelle est l'origine des premières traces?

3. Est-ce que ces traces disparaissent?

4. Quelle est l'origine des nouvelles traces?

5. Qu'est-ce qui arrive à la peau et au corps de la narratrice?

III. Troisième partie (ll. 36–49)

1. A la ligne 36, est-ce que le mot «effacée» est utilisé au sens littéral, au sens figuré ou aux deux sens à la fois?

2. Comment est-ce que la narratrice explique ce qui lui arrive?

3. Pourquoi est-ce qu'elle prend alors sa gomme d'écolière?

4. Qu'est-ce qu'elle fait avec sa gomme?

5. Est-ce qu'elle va recommencer? Pourquoi?

Interprétation

1. Pensez au double sens du mot «effacée». Comment se fait dans le texte l'évolution d'un sens vers l'autre?

2. Relevez tous les mots qui évoquent la disparition, comme l'adjectif «effacée». Comment interprétez-vous cette obsession de l'effacement, de la disparition?

3. Comment comprenez-vous la modification de l'apparence physique de la narratrice? Est-ce qu'on pourrait interpréter la dernière action comme une forme de suicide? Pourquoi?

4. Retrouvez les différents moments du raisonnement qui guide les actions de la narratrice. Ce raisonnement est extrêmement logique, pourtant la conclusion est absurde. Pourquoi?

5. On dit du personnage mythologique de Narcisse qu'il est mort parce qu'il était amoureux de sa propre image. A votre avis, est-ce qu'on peut dire que «La Gomme» est une sorte d'inversion de la légende de Narcisse?

6. Dans ce texte, il y a une opposition entre «on» et «je». Selon vous, qui est «on»?

7. C'est une femme qui parle. Quels sentiments exprime-t-elle? Est-ce que le fait qu'une femme les exprime donne au texte un sens particulier?

8. Est-ce qu'un homme aurait eu les mêmes expériences? Aurait-il exprimé les mêmes sentiments? Aurait-il réagi de la même façon?

9. Revenons maintenant au dessin qui accompagne le texte. Que représente-t-il? A votre avis, est-ce qu'il est amusant, troublant, fantastique, effrayant, insensé? Est-ce qu'il reflète l'état d'esprit de la narratrice?

10. Quelle est votre réaction à cette histoire? Est-elle la même que votre réaction au dessin?

Style et langue

A. Sens littéral/sens figuré

Au début, la narratrice dit qu'elle est effacée. A la fin du texte, elle est en train de s'effacer. Qu'est-ce qui est arrivé au sens du mot «effacée» entre le début et la fin?

Pouvez-vous reconnaître s'il s'agit du sens littéral (L) ou du sens figuré (F) dans les exemples suivants?

1.   a. Le temps est sec.
     b. Sa réponse a été sèche.
2.   a. Il parle sur un ton coupant.
     b. Ce couteau est coupant.
3.   a. Cette histoire est sombre.
     b. Le salon est sombre.
4.   a. Ce papier est transparent.
     b. Ses intentions sont transparentes.
5.   a. La porte est ouverte.
     b. Ces gens ont l'esprit ouvert.
6.   a. C'est une personne froide.
     b. La pluie est froide.
7.   a. Le soleil est brillant.
     b. Sa conversation est brillante.

Réponses: 1. L / F   2. F / L   3. F / L   4. L / F   5. L / F   6. F / L   7. L / F

B. Utilisation des temps et progression narrative

Relevez les expressions temporelles qui structurent la progression du récit (ll. 21–49). Quels sont les temps des verbes qui correspondent à chaque partie, dans cette progression?

Activités

1. Comment est-ce que vous vous voyez? Essayez de faire votre autoportrait, physique d'abord, mais aussi psychologique. Est-ce que, comme la narratrice, vous vous sentez tout(e) petit(e) au milieu des gens qui vous entourent? Etes-vous effacé(e)? Ou bien au contraire est-ce qu'on vous remarque toujours? Est-ce que vous essayez souvent d'attirer l'attention des autres?
2. A votre avis, comment est-ce que les autres vous voient? Imaginez qu'un(e) ami(e), un parent, etc. fait votre portrait.
3. Imaginez une courte histoire dans laquelle un adjectif essentiel (l'adjectif clé) aura deux sens: un sens propre (physique) et un sens figuré ou symbolique. Vous pouvez, comme l'auteur de «La Gomme», partir du sens figuré et retourner au sens littéral. Pour vous aider, voyez les exemples donnés plus haut dans **Style et langue**, **A.** Sens littéral / sens figuré.

Intertextualité

Thème: La femme «effacée»   Sallenave, *Un Printemps froid* (14)

Traitement: Passage du réel au fantastique   Michaux, «Plume au restaurant» (5)

Le Prix du chameau

Birago Diop

OBJECTIF

Vous allez identifier le sens symbolique d'un conte africain et étudier le rôle de la répétition dans sa structure.

AVANT LA LECTURE

Ouverture

A. Comment imaginez-vous la vie dans un village africain, au sud du Sahara? Aidez-vous des mots suivants pour en parler.

1. **Le logement, la nourriture et les animaux:**
   la case (*hut*)
   le toit de chaume (*straw*)
   l'enclos (*space surrounded by a fence*)
   le mil (*millet*, a common cereal)
   la calebasse (*gourd*)
   le berger (*shepherd*) et son troupeau (*herd*): la vache, le bœuf, le veau (*calf*), la génisse (*heifer*), le taureau (*bull*), le taur (*dér.* de taureau), le chameau (*camel*), l'âne (*donkey*). (Il y a dans le texte un paragraphe (ll. 73–77) qui décrit ces animaux).

2. **Les vêtements:**
   le pagne (*loin cloth*)
   le boubou (*long, flowing gown*)
   (Voir le texte, ll. 64–65)

3. **La religion:**
   un musulmanune musulmane
   la religion musulmane, introduite par les Maures (*Moors*)

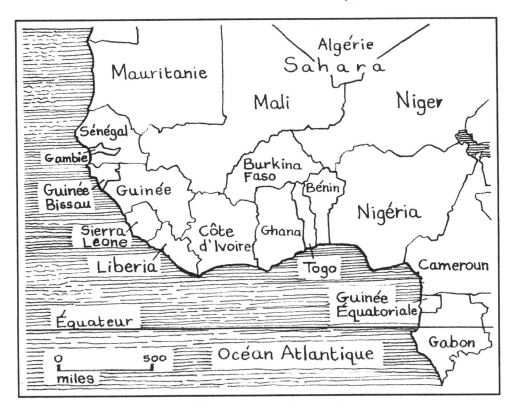

le muezzin: l'homme religieux qui monte sur le minaret de la mosquée et appelle les fidèles (*faithful*) à la prière (*prayer*) plusieurs fois par jour. (Voir ll. 6–8)

B. Si vous connaissez un récit religieux, un mythe ou un conte dans lequel un personnage **perd la vue** (devient **aveugle**), présentez-le aux autres étudiant(e)s. A votre avis, quel est le sens symbolique de **la cécité** (la perte de la vue)?

Note contextuelle

Regardez la carte d'Afrique ci-dessus. Situez le désert du Sahara, le Sénégal, la Côte d'Ivoire, le Cameroun et la Haute-Volta (aujourd'hui le Burkina Faso). Ce sont des pays francophones où vivent les bergers peuhl (nom d'un groupe ethnique important).

Stratégies de langue

Apprenez à reconnaître la manière dont certains mots sont formés.

1. Le suffixe **ée** indique souvent la quantité.

   Exemple:

   un bras   une brassée (l. 126)

   A votre tour, complétez:

   un poing (*fist*)   _____ (l. 63)

   une calebasse   _____ (l. 64)

2. Le préfixe **mal** indique une idée négative.

   Exemple:
   malfaisant (l. 148)   (*contraire de*) bienfaisant

3. Le préfixe **dé** indique souvent le contraire de quelque chose.

   Exemples:
   débaptiser (l. 149)   (*contraire de*) baptiser
   détacher   (*contraire d'*) attacher (l. 95)

Voici des verbes qui commencent par le préfixe **dé**. Trouvez les verbes auxquels ils correspondent:

   délier (*contraire de*)   (l. 3)

   déposséder (*contraire de*)   (l. 90)

   desserrer (*contraire de*)   (l. 111)

Stratégies de lecture

Le premier paragraphe du récit est constitué de deux longues phrases qui vous paraîtront peut-être difficiles. Nous allons vous guider en distinguant les éléments importants des éléments secondaires de ces deux phrases. Cette stratégie pourra vous servir pour d'autres textes.

A. Lisez d'abord les mots en caractères gras:

Un vent violent, °arrachant les toits de chaume, °**s'était abattu sur le village de Keur-N'Diatjar et portait** °au plein de son sein **un** [1]**tourbillon qui** °**reliait le ciel et la terre.**[2]Sillonnant les sentes et les venelles et [3]raclant les enclos **le tourbillon avait laissé ses traces dans toutes les cours des maisons du village.**

détachant avec force / était descendu en son centre mettait ensemble

   1. Est-ce que ce genre de tourbillon est connu dans la région où vous habitez?

[1] whirlwind.   [2] Blowing down the paths and lanes.   [3] brushing by.

2. Résumez en une phrase ce qui est arrivé au village.

B. Lisez maintenant tout le paragraphe.

1. Quels sont les mots qui suggèrent la violence du vent?
2. Quels sont ses effets?

C. Maintenant, lisez le texte. Vous allez rencontrer plusieurs passages descriptifs très riches en vocabulaire. Il suffit de comprendre le sens général des descriptions. Ne vous y arrêtez pas, et n'essayez pas de les traduire. L'important pour vous est de suivre le développement du récit.

LECTURE

Birago Diop, *Le Prix du chameau*

Un vent violent arrachant les toits de chaume s'était abattu sur le village de Keur-N'Diatjar et portait au plein de son sein un tourbillon qui reliait le ciel et la terre. Sillonnant les sentes et les venelles et raclant les enclos le tourbillon avait laissé ses traces dans toutes les
5 cours des maisons du village.

Les rayons de soleil qui frappaient °la nuque de Bilal le muezzin [le cou]
tourné vers l'Orient pour l'appel des fidèles à la prière de Tisbar
s'étaient °refroidis. Le soleil °entamant son chemin descendant [cf. froid / commen-çant / cf. terne (sombre)]
s'était °terni et le ciel était devenu noir.
10 Le vent et le tourbillon qu'il avait entraîné laissaient °dans leur [derrière eux]
sillage tout le village de Keur-N'Diatjar dans les ténèbres.

Tous les habitants étaient devenus aveugles quand le soleil
s'alluma de nouveau avant de °s'abîmer au couchant. [tomber à l'ouest (là où le soleil se couche)]

Tous.
15 Tous, sauf Barane, fils de Mor-le-Vieux et frère de Penda et de
Faty, Barane qui ce jour-là était resté au champ depuis le matin
jusque après le passage du vent et du tourbillon.

Barane avait regagné la °demeure paternelle au milieu des cris et [maison]
des lamentations auxquelles seul ne participait pas son père Mor-le-
20 Vieux.

Et pour Barane tout seul la nuit s'était terminée après le dernier
chant du coq.

Aux premières ardeurs des rayons du jour, Mor-le-Vieux avait appelé son fils:
25 — Barane, que fait le village? Dis-le-moi, toi qui y vois encore.

— Père, tu entends d'ici les pleurs et les °gémissements. Chacun [lamentations]
°tâtonne cherchant ses °effets, sa porte ou °les siens. [cherche avec les mains / vêtements / sa famille]

— Barane, dit le père, °d'ici que nous retrouvions le sentier des champs il nous faudra un long °apprentissage. Avant que les ¹greniers ne soient complètement vides, va vendre le chameau qui nous reste. Va, et vends-le avec de la chance.

avant que

cf. un apprenti

30

***

Et Barane s'en fut sur les sentes et les chemins à travers les pays où les gens y voyaient encore comme lui.

s'en alla

***

Les pays des sables qu'il °parcourut n'étaient sans doute pas plus °florissants que les terres qui entouraient le village de Keur- N'Diatjar, car ni les cultivateurs, ni les bergers, ni les ²pêcheurs n'offrirent à Barane de lui acheter son chameau.

35

inf. parcourir (tra-
  verser)
= riches (*cf.* la fleur)

***

Et Barane s'en alla plus loin, plus loin vers l'Est. Il °franchit le grand fleuve et rencontra un soir une longue caravane de bœufs lourdement chargés.

40

traversa

— Voilà un chameau °qui ferait bien mon affaire, déclara le Chef de la caravane. Est-il à vendre? demanda-t-il à Barane.

qui me serait utile

— Il est à vendre, répondit Barane.

— Combien en veux-tu?

45

— Que m'en offres-tu?

— Je t'en donne trois bœufs avec leur °charge de mil.

cf. chargé (l. 40)

— C'est tout? interrogea Barane.

— Quatre bœufs avec leur charge.

— C'est tout, rien de plus?

50

— Oui, c'est tout. Et je trouve que c'est beaucoup, affirma le Chef de la caravane.

— Ce n'est pas assez pour moi, déclara Barane.

Quatre bœufs lourdement chargés de mil, le prix de son chameau sans aucun doute. Mais le père Mor-le-Vieux lui avait recommandé de vendre l'animal «avec de la chance», et le Chef de la caravane n'avait pas ajouté à son offre les seuls mots: «*ak barké*».

55

***

Et Barane s'en était allé plus loin, plus loin encore . . .

Il avait traversé le Pays où les femmes ³vannaient du sable-d'or au bord de l'eau, toute jeune encore, fraîche, claire et turbulente du fleuve.

60

On lui avait offert pour son chameau, dans les villages où ce n'était que chants et danses nuit et jour, fêtes et °ripailles à longueur de lune, des ⁴pépites grosses comme le pouce, des ⁵poignées et des

banquets

---

¹ granaries.   ² fishermen.   ³ were panning for gold.   ⁴ nuggets.   ⁵ handfuls.

[6]calebassées de poudre d'or. On lui avait offert des pagnes °teints à   *inf.* teindre (colorer)
65 l'indigo des plus beaux bleus et des boubous °ouvragés et ornés °sur   décorés / partout
toutes les coutures.

On lui avait offert des greniers de mil et des ânes gros et gras pour
charger ce mil.

Mais aucun de ceux qui voulaient acquérir sa bête contre ces for-
70 tunes ne lui avait dit qu'il l'achetait «avec de la chance» et Barane
n'avait pas voulu °céder son chameau.   vendre

Et Barane s'en était allé plus loin, plus loin encore.

* * *

Il avait rencontré d'immenses troupeaux qui descendaient vers le
Vaste Fleuve avec leurs veaux °gambadants, leurs °génisses aux   qui sautaient / jeunes
75 flancs °reluisants et aux [7]fesses rebondies, leurs taurs déjà °assagis,   vaches
leurs vaches aux [8]mamelles pleines comme des [9]outres, leurs   brillants / calmes
taureaux au [10]fanon traînant jusqu'à terre.

Des Chefs maures, des bergers peuhl lui avaient offert taurs,
génisses, vaches pleines et vaches °suitées contre son chameau.   accompagnées de
80 Mais ils n'avaient pas ajouté à leurs prix les mots *«ak barké»*, et   leurs veaux
Barane n'avait pas voulu se séparer de sa bête.

Et Barane s'en était allé plus loin, plus loin encore.

* * *

Loin, loin vers l'Est, au pays des pierres mortes et des montagnes
rouges, Barane rencontra au milieu du jour, °ployant sous un [11]fagot   courbé sous
85 d'épineux, un °vieillard °aux reins ceints de [12]haillons.   *cf.* vieux, vieille / portant autour de
— Où te mènent tes pas, mon fils? °s'enquit [13]en chevrotant le   la taille des . . .
Vieillard après les salutations.   demanda

— Je vais vendre cet animal, expliqua Barane.

— Je ne crois pas que tu puisses trouver °acquéreur dans ce pays   *cf.* acquérir (acheter)
90 où je suis le moins pauvre, moi qui ne possède que ce fagot d'acacia
que j'ai eu «avec de la chance».

— Veux-tu m'acheter mon chameau? proposa Barane.

— Je ne pourrais te l'acheter que contre ce bois mort *«ak barké»*,
dit le Vieillard.

95 — Tiens, il est à toi, dit Barane en °tendant la corde attachée au   donnant
nez du chameau.

Et Barane, le fils de Mor-le-Vieux, céda son chameau au Vieillard
loqueteux pour un fagot d'épineux. Car le Vieillard avait ajouté au   en haillons (l. 85)
marché les mots que Mor-le-Vieux avait °exigés en °sus du prix: demandés avec insis-
100 «avec de la chance.»   tance / plus

---

[6] amount that can be held in the shell of a calabash gourd.   [7] round but-
tocks.   [8] udders.   [9] goatskin bottles.   [10] dewlap.   [11] a bundle of thorny
branches, brambles.   [12] rags.   [13] in a quavering voice.

**

Son fagot d'épineux sur la tête Barane s'en retourna sur ses longs pas.

Il arriva à Keur-N'Diatjar à la fin d'une longue journée plus triste encore que celle où il en était parti. Une journée grise et froide où le
105 Soleil lui-même °grelottait et °s'emmitoufflait dans le Ciel du Couchant.

**

— Père, j'ai vendu le chameau, dit Barane en rentrant dans la case familiale où mourait un maigre feu que semblaient °couver Mor-le-Vieux et ses deux filles Penda et Faty.
110 Le froid était °à couper au couteau.

Les cases du village semblaient serrer plus fort leurs enclos °ainsi que des pagnes autour des tailles des femmes pour se tenir plus chaud.

— Combien as-tu vendu le chameau, fils? s'informa Mor-le-Vieux.
115 Où en est le prix?

— Le prix est dans la cour, père. Je l'ai vendu pour un fagot d'épineux.

— Contre un fagot d'épineux??? °s'ahurit Mor-le-Vieux.

— Oui, père, un fagot de bois mort. J'ai vendu ton chameau au
120 seul acheteur qui m'a offert son prix en y ajoutant «avec de la chance» comme tu me l'avais demandé.

— Notre misère ne peut être plus grande, avec l'aide de Dieu, car elle semble avoir °atteint ses limites, se résigna Mor-le- Vieux. Le feu se °meurt, mon fils; ton fagot est donc le bienvenu. Porte-nous quel-
125 ques °brindilles.

Barane alla chercher une brassée de bois mort.

Il cassa deux brindilles et °attisa les [14]braises mourantes.

Le bois gémit et craqua. °Une flambée s'éleva en même temps que les cris que poussèrent Mor-le-Vieux et ses deux filles: «J'y vois!
130 J'y vois! J'y vois!!!»

Mor-le-Vieux °prit une brindille. Penda prit un brindille. Faty prit une brindille. Le père et les sœurs de Barane allumèrent les brindilles au °foyer flambant et °rougeoyant et les approchèrent de leurs yeux qui °renaissaient en effet à la lumière.
135 Ils y voyaient à nouveau.

La famille de Mor-le-Vieux n'attendit pas la tombée de la nuit pour crier la nouvelle à travers le village.

Et tous ceux du village, grands et petits, vieux et jeunes, hommes et femmes, °vinrent, aveugles, tâtonnant de leurs cannes ou bras

Glossary (right margin):
- tremblait de froid / s'enveloppait
- entretenir avec atten-tion
- extrême
- comme
- s'exclama
- *inf.* atteindre (touch-er à)
- *inf.* mourir
- petites branches
- ralluma
- Des flammes s'élevèrent
- *inf.* prendre
- feu / *cf.* rouge
- *inf.* renatre
- *inf.* venir

[14] cinders.

140 tendus dans la demeure de Mor-le-Vieux et s'en retournèrent chez
eux ayant °recouvré la vue après avoir allumé au foyer de Mor- le-   retrouvé
Vieux et approché de leurs yeux morts une brindille du fagot
d'acacia du Vieillard loqueteux.

Et chaque père de famille, chaque mère, tous les hommes et
145 toutes les femmes apportèrent ce qu'ils avaient de plus cher et de
plus beau à la famille de Mor-le-Vieux.

Mais pour °conjurer le sort et éloigner à jamais de leurs demeures   exorciser
les esprits malfaisants, les habitants de *Keur-N'Diatjar* (le Village-de-
ceux-qui-voient) débaptisèrent leur village et l'appelèrent *N'Goumbe*
150 (Cécité).

APRES LA LECTURE

Compréhension

1. Comment les habitants du village ont-ils perdu la vue?
2. Pourquoi Barane n'a-t-il pas perdu la vue?
3. Qu'est-ce que le père, Mor-le-Vieux, demande à son fils?
4. Décrivez en une phrase chaque région que Barane traverse pendant son voyage.
5. Décrivez en une phrase chaque personne ou groupe de personnes que Barane rencontre dans son voyage.
6. Pourquoi est-ce que Barane n'accepte pas ce qu'on lui offre pour le chameau?
7. Est-ce qu'il rapporte beaucoup d'argent à sa famille? Dites à votre manière ce qu'il rapporte.
8. Finalement, à qui vend-il son chameau? Pourquoi?
9. Comment est-ce que son père le reçoit à son retour?
10. Qu'est-ce qui arrive quand Barane rallume le feu de la maison familiale?
11. Qu'est-ce qui arrive aux habitants du village? Quelle est leur réaction?

Interprétation

1. Est-ce que le fait de perdre la vue dans ces circonstances est réaliste ou mystérieux? Qu'est-ce qui est suggéré au commencement de cette histoire?
2. Quelle conclusion tirez-vous du fait que Mor-le-Vieux est le seul habitant du village qui ne participe pas aux lamentations?
3. Le père avait dit: «. . . d'ici que nous retrouvions le sentier des champs il nous faudra un long apprentissage.» (ll. 28–29). Que veut-il dire?
4. Est-ce que Barane a conservé la vue uniquement parce qu'il n'était pas au village durant la tempête? Justifiez votre opinion.
5. Quels principes guident Barane pendant son voyage?
6. Pourquoi est-ce Barane qui sauve le village?

7. Les villageois ont-ils retrouvé seulement la vue au sens physique? Est-ce qu'il y a une autre façon de «voir»?

8. Le récit explique-t-il clairement pourquoi les villageois retrouvent la vue? Quel est le rapport entre le feu et la vue que les villageois retrouvent?

9. Quel est le symbolisme du changement de nom du village? Qu'est-ce que les villageois ont donc appris?

10. A votre avis, à quel(s) genre(s) littéraire(s) appartient ce texte? Est-ce un récit comique? un récit satirique? un récit dramatique? une allégorie? une fable? un mythe? un texte descriptif?

Style et langue

La répétition

Comme beaucoup de contes ou de paraboles, ce récit est construit à partir de répétitions (répétitions de mots, de situations, etc.).

1. Quel mot est répété par l'auteur pour insister sur le fait que tous les habitants, sauf Barane, sont devenus aveugles?

2. Quels mots sont répétés par l'auteur pour insister sur la distance parcourue par Barane?

3. Barane essaie plusieurs fois de vendre son chameau. Comment est-ce que l'auteur varie sa technique narrative (conversations, descriptions, récits d'actions, etc.) pour éviter la monotonie de la simple répétition?

4. Les éléments naturels jouent un grand rôle dans ce texte (le vent, le soleil, le feu, la terre). Cherchez les références aux différents éléments.

5. Retrouvez les références au cycle du jour et de la nuit.

Activité

Imaginez le récit d'un voyage dans lequel un animal joue un rôle important.

Intertextualité

Thèmes:	L'Afrique	Dadié, «La Légende Baoulé» (4)
	Le pauvre et le riche	Le Clézio, *L'Extase matérielle* (19)
Traitement:	Le merveilleux	Dadié, «La Légende Baoulé» (4)
	La répétition comme forme narrative	Michaux, «Plume au restaurant» (5) Redonnet, «Ist et Irt» (3)

ROMAN

8
Histoire de la mer
Jean Cayrol

OBJECTIF

Vous allez voir comment un auteur introduit le merveilleux dans un contexte moderne.

AVANT LA LECTURE

Ouverture

Imaginez que vous avez l'occasion d'aller vivre seul(e) sur une île déserte, loin du monde de la technologie moderne. Vous avez tout le temps d'observer les animaux qui y vivent. Supposez que vous apprenez à communiquer avec eux. Qu'est-ce que vous avez à leur dire? Qu'est-ce qu'ils ont à vous apprendre? Parlez de votre «expérience» avec vos camarades de classe.

Notes contextuelles

Références littéraires

Le texte que vous allez lire vous rappellera sans doute un conte que vous connaissez: *Alice au pays des merveilles*. Quelles sont les caractéristiques de l'héroïne, Alice? Est-ce qu'elle est adulte? Comment commence son aventure? Quel rôle jouent les animaux dans cette aventure?

Il y a aussi une référence à Ophélie, aimée d'Hamlet dans la pièce de Shakespeare, qui s'est suicidée en se jetant dans une rivière. On la voit, les cheveux mêlés d'herbes et d'algues.

Références exotiques

La jeune héroïne, Géraldine, se trouve sur la plage d'une île exotique. Il y a des palmiers *(palm trees)*, une tortue géante *(giant turtle)*, de petites sardines, du sable brûlant (burning sand).

Stratégies de langue

A. Les phrases longues sont une des caractéristiques de ce texte. Pour en comprendre le sens général, il faut apprendre à reconnaître les éléments principaux de ces phrases.

Considérons, par exemple, la phrase suivante (ll. 66–69). Seuls les éléments en caractères gras sont importants:

A chaque arrêt, **elle dessinait les lettres de son prénom** au cas où quelqu'un l'apercevrait de là-haut, pour qu'on ne perde pas sa trace, **mais elle s'arrêta** car, sur ce sable brûlant, elle suffoquait: le soleil gardait encore une force irrésistible.

Les autres éléments donnent des raisons qui expliquent les deux actions principales:

1. Trouvez la raison pour laquelle «elle dessinait les lettres de son prénom».
2. Trouvez la raison pour laquelle «elle s'arrêta».

B. Apprenez à reconnaître différentes façons de comparer:

«On aurait dit . . .» (l. 9, l. 85)
«comme . . .» (l. 49, l. 90)
«comme si . . .» (l. 5)
«pareils à . . .» (l. 79)
«ressembler à . . .» (l. 96)
«sembler (être)» (l. 53)

A la première lecture d'un texte, pour comprendre le sens général, il n'est pas nécessaire de s'arrêter aux comparaisons.

Stratégies de lecture

La présentation de ce texte suit un plan particulier en raison des stratégies employées. La lecture se fera en quatre étapes *(stages)*.

Première étape

Il est bon de survoler *(scan)* un texte pour avoir une idée générale du sujet. On peut alors choisir de l'aborder en concentrant son attention sur un passage qui n'est pas nécessairement situé au début. C'est ce que nous allons faire ici. Vous allez maintenant lire les lignes suivantes (26–44) dans lesquelles Géraldine a une conversation avec une tortue:

La tortue ne l'°effrayait pas; elle en avait vu dans les aquariums; elle en avait possédé une toute petite qui se promenait sous le lit et avait fait son °nid sous le radiateur; elle ne sortait que lorsqu'on lui présentait une feuille de salade. Plutôt intéressée, Géraldine lui
30 sourit:
— Tu es très vieille . . .

inf. effrayer (faire peur)

lit

— J'ai deux cents ans passés.

— Moi, j'ai dix ans. Où est-on ici?

— Dans l'île des tortues.

35   — Tu es seule?

— Les autres sont parties.

— Où?

— Tu sais, elles n'aiment plus °vieillir ensemble, alors elles se   *cf.* vieux, vieille
°dipersent. °Autrefois, nous étions plus de dix mille. Aujourd'hui, il   *cogn.* / Avant
40 ne reste que les impotentes, quelques malades, des °blessées et la   *cf.* blesser (faire mal)
Reine qui va sur ses cinq cents ans; elle °est aveugle, °se cogne   ne voit pas / n'évite
partout; sa carapace est °fêlée. Elle est infernale. Alors, les jeunes   pas les obstacles
nous ont quittées. C'est la première fois que je vois une bête comme   presque cassée
toi sans poil et sans °duvet. Es-tu bonne à manger?   petits poils

A. Répondez aux questions suivantes:

1. Est-ce que Géraldine a peur de la tortue? Pourquoi?
2. La tortue sait parler. Trouvez-vous cela normal? Est-ce que Géraldine trouve cela normal? Comment pourriez-vous expliquer ce fait?
3. Qu'est-ce que l'on sait d'autre sur cette tortue?
4. Qui habite l'île?
5. Qu'est-ce qu'on apprend sur le monde des tortues?
6. Est-ce que la tortue a l'habitude des humains? Pourquoi?
7. Comment interprétez-vous la dernière question posée par la tortue: «Es-tu bonne à manger?»?

B. Travail d'imagination:

1. Avec des camarades, imaginez un scénario (amusant, fantastique ou catastrophique) qui explique comment Géraldine est arrivée dans l'île des tortues.
2. Imaginez ensuite ce qui se passe après la conversation de Géraldine et de la tortue.

Deuxième étape

Revenons maintenant au début du texte (ll. 1–25). Vous allez d'abord apprendre comment Géraldine est arrivée dans l'île après l'accident de l'avion dans lequel elle voyageait avec ses parents (il y a une allusion à cet accident ll. 23–25).

Pour comprendre le sens général de la description détaillée qui suit, lisez d'abord la première phrase de chaque paragraphe et le monologue de Géraldine (ll. 17–22); lisez ensuite l'ensemble de ce passage:

Géraldine se réveilla, le corps °déposé sur le sable par des vagues   *cf.* posé
longues et douces; à peine si °le ressac la faisait bouger.   les vagues

Une °déchirure à son bras, sous l'effet de l'eau °salée, lui donna   blessure / cf. le sel
une souffrance intolérable; la [1] chair °cuisait, [2] épongée de tout sang,   inf. cuire
5 mais les deux lèvres de la °plaie presque blanche s'°entrouvraient   blessure / cf. ouvrir
comme si un [3] fer rouge la brûlait encore. Son visage était couvert
d'algues brunes °au thalle membraneux qui °enrubannaient ses   = membraneuses
°mèches; elles °l'aveuglaient et, en se °desséchant, °durcissaient   (cogn.) / cf. un
ruban / cheveux /
autour du front en couronne. On aurait dit une petite Ophélie   cf. aveugle / cf.
10 marine, décolorée . . .   sec, sèche / cf. dur
Elle voulut se relever et °vit qu'elle n'était pas seule: une énorme   inf. voir
tortue la surveillait de son œil rond et la [4] flairait de son °bec °corné   cogn. / dur
et [5] râpeux.
Alors Géraldine appela; d'abord, ce °furent des cris °d'épouvante.   inf. être / de terreur
15 Le sable qu'elle avait avalé en roulant de vague en vague avait en-
flammé sa gorge, puis ce furent des °geignements, entrecoupés de   lamentations
°sanglots dont elle ne sentait pas l'eau sur ses joues.   cf. sangloter
(pleurer)
— Maman, maman, ne te cache pas. Tu sais bien que je n'aime
pas être toute °mouillée. Papa, montre-toi, où es-tu? Ce n'est pas du   contr. sèche
20 caprice, je ne veux pas jouer. J'ai mal, j'ai froid . . . S'il te plaît,
j'aimerais une tartine avec de la marmelade d'orange et beaucoup
de beurre dessus, j'ai faim . . . Non, je mangerai ce que tu
voudras . . .
La petite Géraldine ne pouvait se relever; à côté d'elle, un fauteuil
25 d'avion °ballotté par °le flot descendant, intact avec son [6] cendrier   balancé / la mer
ouvert et, déjà, °l'étoffe séchait.   le tissu

Répondez aux questions suivantes:

1. Comment est-ce que Géraldine est arrivée sur la plage?
2. Qu'est-ce qui est arrivé à son bras?
3. Qu'est-ce qu'il y a dans ses cheveux?
4. A qui est-ce qu'elle ressemble? Pourquoi?
5. Quelle est sa réaction quand elle voit la tortue?
6. Qui est-ce qu'elle appelle?
7. Pourquoi y a-t-il là un fauteuil d'avion?

Troisième étape

Vous pouvez maintenant passer à la fin du récit. Pour faciliter votre lecture, cette
fin a été divisée en deux parties.

A. Lisez les lignes 45 à 61 (juste après la conversation entre Géraldine et
la tortue):

---

[1] flesh.   [2] drained. (cf. une éponge)   [3] iron.   [4] was sniffing.   [5] rough.
[6] ashtray.

45   Soudain, Géraldine entendit tout près d'elle un tic-tac régu-
lier; elle se retourna et °vit son propre réveil rond et °doré. Il   *inf.* voir / *cf.* l'or
avait perdu une des boules de cristal sur lesquelles il °reposait.   *cf.* être posé
Elle regarda l'heure: il était quatre heures vingt. Et pourtant la
lumière °s'assombrissait. Machinalement, elle [7] remonta le mé-   *inf.* s'assombrir (*cf.*
50 canisme comme elle le faisait chaque soir avant de s'endormir.   sombre)
Quelle heure était-il? La tortue s'était °éloignée Géraldine °eut   *cf.* loin / *inf.* avoir
brusquement peur sur cette plage déserte; le réveil °s'était tu.   *inf.* se taire
Les troncs des palmiers morts et roulés par °la houle semblaient   les vagues
des bêtes à longs poils, prêtes à °bondir. Elle °renouvela ses ap-   sauter (comme un
55 pels, mais comme elle ne pouvait °remuer les jambes à demi   lion) / *cf.* nouveau
°enfouies dans le sable, elle écouta le silence (avant, c'était un   bouger
jeu d'enfant au moment de la sieste), un silence [8] épiant et   =dans
frôleur.
     — Je n'aime pas la nuit dehors.
60   Géraldine se mit à crier:
     — Tortue, tortue, est-ce que c'est dimanche aujourd'hui? Est-
ce que les gens ont quitté la plage?

B.   Répondez aux questions suivantes:

     1. Qu'est-ce que Géraldine entend?
     2. Qu'est-ce qu'elle fait avec cet objet?
     3. Qu'est-ce que cet objet lui rappelle?
     4. Où est la tortue?
     5. Quelle est la réaction de Géraldine?
     6. Est-ce qu'elle peut marcher?
     7. Pourquoi est-ce qu'elle appelle la tortue?

C.   Avant de lire le reste du texte (ll. 62–101) regardez les questions suivantes qui
vous aideront à comprendre cette dernière partie:

     1. Où est-ce que Géraldine écrit son prénom? Pourquoi?
     2. Pourquoi est-ce qu'elle retourne dans l'eau?
     3. Qu'est-ce qu'elle voit autour d'elle?
     4. Quelle est sa réaction initiale?
     5. Pourquoi est-ce qu'elle se fatigue du spectacle des poissons?
     6. Qu'est-ce que la tortue lui apporte?
     7. Est-ce que Géraldine a déjà mangé cela?
     8. Quelle est l'attitude de la tortue envers Géraldine?

[7] wound up.   [8] épier = to spy on; frôler = to brush by (reference to crea-
tures surrounding her).

A qui parler? Quoi faire? Elle °tapotait le sable de sa main, puis °écrivit son prénom: Géraldine. Une vaguelette effaça les lettres. Alors, elle °tenta de glisser sur le sol mais cela lui demandait des
65 efforts °inouïs: elle avançait lentement, se déplaçant avec °maladresse et lourdeur. A chaque arrêt, elle dessinait les lettres de son prénom au cas où quelqu'un l'apercevrait de là-haut, pour qu'on ne perde pas sa trace, mais elle s'arrêta car, sur ce sable brûlant, elle suffoquait: le soleil gardait encore une force irrésistible.
70 Alors elle °revint sur le bord humide où venaient °s'étaler les vagues dans une [9] écume pleine de bulles, °léchant ses jambes blessées, son petit corps °dénudé et brillant, ses cheveux °foncés sous le poids de l'eau. Elle se sentait si bien dans le trou °frangé d'eau qu'elle faisait, °une mince cuvette, [10] chatouillée par les puces de mer, un vrai lit
75 °douillet, agréable par sa °tiédeur, et soudain elle se vit entourée d'une bande de minuscules poissons d'un argent vif, au dos bleu sombre. Ils la recouvraient, glissaient sur les épaules, sous les bras, °s'enfonçaient dans sa °chevelure, chatouillant °sa nuque. Elle riait de ce bain d'une épaisseur vivante et °fugace. Géraldine prit dans la
80 main une poignée de ces poissons °pareils à des pièces d'argent. Les sardines s'immobilisèrent, heureuses de vivre dans une °paume humaine et chaude, s'infiltrant entre les doigts, jouant avec leurs mouvements. Elles étaient familières, et Géraldine riait devant cette invasion amicale et si rapide. Ces milliers °d'éclairs qui °s'éteignaient
85 et se rallumaient lui faisaient une °armure légère et °remuante. On aurait dit qu'elles connaissaient la petite fille depuis longtemps.

L'une d'elles se blessa à un [11] ongle; son œil rond contempla le doigt qui l'avait °effleurée, le [12] mordilla.

— Allez-vous-en, ça me tourne la tête.
90 Et le banc de poissons °disparut comme il était venu, au milieu d'un grand °frémissement de l'eau qui paraissait °bouillonner à leur passage.

La vieille tortue revint. Elle tenait dans °son museau un fruit qu'elle jeta aux pieds de Géraldine:
95 — Prends-le vite à cause des vagues.

Géraldine °se régala avec cette nourriture °fondante et °juteuse, d'un goût de miel un peu °rance. La chair ressemblait par sa consistance à du beurre frais.

— Où sont tes parents?
100 La fillette ne répondit pas et continua à dévorer °à belles dents ce produit d'une terre inconnue.

cf. taper

inf. écrire

essaya

très grands

cf. maladroit(e)

inf. revenir / s'étendre

caressant

cf. nu(e) / *contr.* clairs

cogn. (bordé)

un petit bassin

cf. doux / *cf.* tiède

entraient / *cf.* les cheveux / son cou
fugitive
comme

cogn. (la main)

de lumières / *inf.* s'éteindre / *cogn.* / *inf.* remuer

touchée légèrement

inf. disparaître
cf. frémir (bouger légèrement) / *cf.* bouillir
sa bouche

mangea avec plaisir / très tendre / *cf.* le jus / *cogn.*

avec grand appétit

[9] foam full of bubbles.   [10] tickled.   [11] nail.   [12] nibbled.

Quatrième étape

Lisez maintenant le texte tout entier, sans l'aide des notes dans la marge et des traductions.

LECTURE

Jean Cayrol, *Histoire de la mer*

Géraldine se réveilla, le corps déposé sur le sable par des vagues longues et douces; à peine si le ressac la faisait bouger.

Une déchirure à son bras, sous l'effet de l'eau salée, lui donna une souffrance intolérable; la chair cuisait, épongée de tout sang, mais
5 les deux lèvres de la plaie presque blanche s'entrouvraient comme si un fer rouge la brûlait encore. Son visage était couvert d'algues brunes au thalle membraneux qui enrubannaient ses mèches; elles l'aveuglaient et, en se desséchant, durcissaient autour du front en couronne. On aurait dit une petite Ophélie marine, décolorée . . .
10 Elle voulut se relever et vit qu'elle n'était pas seule: une énorme tortue la surveillait de son œil rond et la flairait de son bec corné et râpeux.

Alors Géraldine appela; d'abord, ce furent des cris d'épouvante. Le sable qu'elle avait avalé en roulant de vague en vague avait en-
15 flammé sa gorge, puis ce furent des geignements, entrecoupés de sanglots dont elle ne sentait pas l'eau sur ses joues.

— Maman, maman, ne te cache pas. Tu sais bien que je n'aime pas être toute mouillée. Papa, montre-toi, où es-tu? Ce n'est pas du caprice, je ne veux pas jouer. J'ai mal, j'ai froid . . . S'il te plaît,
20 j'aimerais une tartine avec de la marmelade d'orange et beaucoup de beurre dessus, j'ai faim . . . Non, je mangerai ce que tu voudras . . .

La petite Géraldine ne pouvait se relever; à côté d'elle, un fauteuil d'avion ballotté par le flot descendant, intact avec son cendrier
25 ouvert et, déjà, l'étoffe séchait.

La tortue ne l'effrayait pas; elle en avait vu dans les aquariums; elle en avait possédé une toute petite qui se promenait sous le lit et avait fait son nid sous le radiateur; elle ne sortait que lorsqu'on lui présentait une feuille de salade. Plutôt intéressée, Géraldine lui
30 sourit:

— Tu es très vieille . . .

— J'ai deux cents ans passés.

— Moi, j'ai dix ans. Où est-on ici?

— Dans l'île des tortues.

35   — Tu es seule?

— Les autres sont parties.

— Où?

— Tu sais, elles n'aiment plus vieillir ensemble, alors elles se dis-
persent. Autrefois nous étions plus de dix mille. Aujourd'hui, il ne
40   reste que les impotentes, quelques malades, des blessées et la Reine
qui va sur ses cinq cents ans; elle est aveugle, se cogne partout; sa
carapace est fêlée. Elle est infernale. Alors, les jeunes nous ont quittées. C'est la première fois que je vois une bête comme toi sans poil
et sans duvet. Es-tu bonne à manger?

45   Soudain, Géraldine entendit tout près d'elle un tic-tac régulier;
elle se retourna et vit son propre réveil rond et doré. Il avait perdu
une des boules de cristal sur lesquelles il reposait. Elle regarda
l'heure: il était quatre heures vingt. Et pourtant la lumière
s'assombrissait. Machinalement, elle remonta le mécanisme comme
50   elle le faisait chaque soir avant de s'endormir. Quelle heure était-il?
La tortue s'était éloignée. Géraldine eut brusquement peur sur cette
plage déserte; le réveil s'était tu. Les troncs des palmiers morts et
roulés par la houle semblaient des bêtes à longs poils, prêtes à
bondir. Elle renouvela ses appels, mais comme elle ne pouvait
55   remuer les jambes à demi enfouies dans le sable, elle écouta le silence (avant, c'était un jeu d'enfant au moment de la sieste), un
silence épiant et frôleur.

— Je n'aime pas la nuit dehors.

Géraldine se mit à crier:

60   — Tortue, tortue, est-ce que c'est dimanche aujourd'hui? Est-ce
que les gens ont quitté la plage?

A qui parler? Quoi faire? Elle tapotait le sable de sa main, puis
écrivit son prénom: Géraldine. Une vaguelette effaça les lettres.
Alors, elle tenta de glisser sur le sol mais cela lui demandait des ef-
65   forts inouïs: elle avançait lentement, se déplaçant avec maladresse et
lourdeur. A chaque arrêt, elle dessinait les lettres de son prénom au
cas où quelqu'un l'apercevrait de là-haut, pour qu'on ne perde pas
sa trace, mais elle s'arrêta car, sur ce sable brûlant, elle suffoquait: le
soleil gardait encore une force irrésistible. Alors elle revint sur le bord
70   humide où venaient s'étaler les vagues dans une écume pleine de
bulles, léchant ses jambes blessées, son petit corps dénudé et brillant, ses cheveux foncés sous le poids de l'eau. Elle se sentait si bien
dans le trou frangé d'eau qu'elle faisait, une mince cuvette, chatouillée par les puces de mer, un vrai lit douillet, agréable par sa tiédeur,
75   et soudain elle se vit entourée d'une bande de minuscules poissons
d'un argent vif, au dos bleu sombre. Ils la recouvraient, glissaient sur
les épaules, sous les bras, s'enfonçaient dans sa chevelure, chatouil-

lant sa nuque. Elle riait de ce bain d'une épaisseur vivante et fugace.
Géraldine prit dans la main une poignée de ces poissons pareils à
80 des pièces d'argent. Les sardines s'immobilisèrent, heureuses de
vivre dans une paume humaine et chaude, s'infiltrant entre les
doigts, jouant avec leurs mouvements. Elles étaient familières, et Géraldine riait devant cette invasion amicale et si rapide. Ces milliers
d'éclairs qui s'éteignaient et se rallumaient lui faisaient une armure
85 légère et remuante. On aurait dit qu'elles connaissaient la petite fille
depuis longtemps.

L'une d'elles se blessa à un ongle; son œil rond contempla le
doigt qui l'avait effleurée, le mordilla.

— Allez-vous-en, ça me tourne la tête.

90 Et le banc de poissons disparut comme il était venu, au milieu
d'un grand frémissement de l'eau qui paraissait bouillonner à leur
passage.

La vieille tortue revint. Elle tenait dans son museau un fruit qu'elle
jeta aux pieds de Géraldine:

95 — Prends-le vite à cause des vagues.

Géraldine se régala avec cette nourriture fondante et juteuse,
d'un goût de miel un peu rance. La chair ressemblait par sa consistance à du beurre frais.

— Où sont tes parents?

100 La fillette ne répondit pas et continua à dévorer à belles dents ce
produit d'une terre inconnue.

APRES LA LECTURE

Interprétation

1. A quel moment est-ce qu'on comprend que l'on est passé du monde réel au monde irréel?
2. Quelles sont les caractéristiques principales de ce monde irréel?
3. Comment est-ce que Géraldine se sent dans ce monde qu'elle découvre? Y a-t-il une évolution?
4. A votre avis, pourquoi est-ce que l'auteur a choisi une petite fille comme personnage? Est-ce que cela contribue à créer le merveilleux, comme dans *Alice au pays des merveilles*?

Style et langue

1. La description occupe une place importante dans ce texte. Quel est le temps des verbes utilisé pour la description? Et le temps des verbes utilisé pour

l'action? Regardez de près le deuxième paragraphe.

2. Pourquoi, à votre avis, y a-t-il beaucoup d'adjectifs dans ce texte? Quelquefois, deux adjectifs sont utilisés ensemble, par exemple, ll. 1–2: «des vagues longues et douces». Trouvez d'autres exemples de ce procédé. Quelle impression est ainsi produite?

Activités

1. Imaginez une conversation avec un animal favori.
2. Supposez que, comme Géraldine, vous êtes sur une île déserte et qu'un animal exotique vous adresse la parole. Imaginez la conversation.

Intertextualité

Traitement: Le merveilleux   Dadié, «La Légende Baoulé» (4)
                                                 Diop, «Le Prix du chameau» (7)

3

Discours descriptifs

9

Le Dormeur du val

Arthur Rimbaud

OBJECTIF

Vous allez lire un poème dans lequel le thème n'est pas présenté de manière explicite mais révélé à travers une description précise.

AVANT LA LECTURE

Note contextuelle

Arthur Rimbaud (1854–1891) avait seize ans quand il a écrit ce poème inspiré par la guerre de 1870 entre les Français et les Prussiens. «Le Dormeur du val» est un poème que les jeunes Français apprennent souvent à l'école secondaire.

Stratégies de lecture

1. Lisez le titre. Qu'est-ce qu'il évoque pour vous? Qu'est-ce que vous pensez trouver dans ce poème?
2. Lisez le poème deux fois.

LECTURE

Arthur Rimbaud, *Le Dormeur du val*

C'est un trou de °verdure où chante une rivière   *cf.* vert
°Accrochant follement aux herbes des ¹haillons   *inf.* accrocher (attacher)
D'argent; où le soleil, de la montagne fière,
°Luit: c'est un petit val qui °mousse de rayons.   Brille / *inf.* mousser (*cf.* la mousse)

¹ rags.

5 Un soldat jeune, bouche ouverte, tête nue,
Et °la nuque baignant dans le frais ²cresson bleu,   le cou
Dort; il est étendu dans l'herbe, sous °la nue,   le ciel
Pâle dans son lit vert où la lumière pleut.

Les pieds dans les °glaïeuls, il dort. Souriant comme   fleurs jaunes
10 Sourirait un enfant malade, °il fait un somme: il dort
Nature, °berce-le chaudement: il a froid.   *inf.* bercer (un enfant
                                                                       pour l'endormir)

Les parfums ne font pas °frissonner °sa narine;   trembler / son nez
Il dort dans le soleil, la main sur sa poitrine
Tranquille. Il a deux trous rouges au côté droit.

APRES LA LECTURE

Appréciation

A. Répondez aux questions suivantes:

1. Quels verbes et quelles expressions confirment l'idée que le soldat dort?

2. Comment est-ce que le poète décrit la nature? Quels sont les détails qui décrivent (a) la végétation, (b) la lumière, (c) la situation géographique?

3. Quelles impressions est-ce que ces détails donnent? (une impression de joie, de bonheur, de tristesse, etc.)

4. Quelles couleurs dominent? Quelle impression est crée par ces couleurs?

5. Quels détails sont utilisés pour décrire le soldat? Quelles impressions sont crées par les vers 5 à 9?

6. Quel est l'effet du vers 11? A quel mot est-ce que «froid» est opposé dans ce vers? Pouvez-vous deviner pourquoi le poète demande à la Nature de bercer «l'enfant»? Pourquoi est-ce que le soldat a froid?

7. Qu'est-ce que le vers 14 nous révèle enfin?

8. Y avait-il déjà dans les vers 1 à 10 des détails qui permettaient d'anticiper la présence de la mort?

B. Relisez le poème, puis répondez aux questions suivantes:

1. Est-ce que la description du dormeur du val est le véritable objectif du poème? Sinon, quel est son objectif?

² watercress.

2. Comment est-ce que Rimbaud utilise la description pour mettre en évidence l'horreur de la guerre?

3. Est-il important que le soldat soit jeune? Pourquoi?

4. Est-ce que Rimbaud utilise les mots «la mort» ou «la guerre» dans le poème? Pourquoi?

Style et langue

1. Ce poème a la forme classique du sonnet. En combien de strophes (*stanzas*) est-il divisé? Combien de vers (*lines*) a-t-il dans chaque strophe?

2. Chaque vers est un alexandrin composé de 12 pieds (*syllables*). Comptez les pieds de chaque vers de la première strophe.

3. Vérifiez comment les rimes sont disposées à la fin des vers (exemple: strophe 1, a,b,a,b).

4. A l'intérieur de ce sonnet d'apparence classique, la composition est très souple. Vous remarquerez que, plusieurs fois, la phrase ne se termine pas à la fin du vers mais au vers suivant (exemple: vers 3 et 4). On appelle cela **un enjambement** ou **un rejet** (*a run-on line*). Faites la liste de ces enjambements. Quels sont les mots qu'ils mettent en relief?

5. Au vers 14, vous remarquerez comment le vers est divisé en deux parties inégales. Quel est l'effet produit?

6. Les inversions sont une caractéristique du style poétique. Il y en a deux dans ce texte:

Vers 1, 2 et 3:

. . . une rivière
Accrochant follement aux herbes des haillons
D'argent;

=   . . . une rivière
accrochant follement des haillons d'argent aux herbes

Vers 3 et 4:

. . . le soleil, de la montagne fière,
Luit

= . . . le soleil luit de (*from*) la montagne fière

7. Les images sont une autre caractéristique de la poésie. Comment interprétez-vous l'image de la rivière qui accroche des haillons d'argent aux herbes? (vers 1, 2, 3) Expliquez aussi: «un petit val qui mousse de rayons» (vers 4). Trouvez d'autres images et expliquez-les.

8. En poésie on trouve des mots plus rarement employés en prose: **luire** = briller et **la nue** = le ciel.

Maintenant que vous pouvez mieux apprécier ce poème, lisez-le à haute voix.

Activité

Ecrivez un poème ou un court texte dans lequel le message pacifiste (ou écologiste, féministe, politique, etc.) sera exprimé à travers la description.

10
La Plage
Alain Robbe-Grillet

OBJECTIF

Vous allez lire une «nouvelle» dans laquelle l'extrême objectivité de la description est la raison même du texte. L'intention de l'auteur est d'obliger les lecteurs à **voir** les choses comme elles sont. Il n'y a pas d'autre message.

AVANT LA LECTURE

Notes contextuelles

Alain Robbe-Grillet est un écrivain du «nouveau roman». L'intention des «noveaux romanciers» était d'utiliser un vocabulaire neutre pour éliminer la subjectivité entre la réalité décrite et le lecteur.

«La Plage» est une nouvelle tirée d'un livre intitulé *Instantanés* (1962). Un instantané est une photographie qui saisit l'instant, sans manipulation esthétique.

Ouverture

Fermez les yeux et prenez le temps d'imaginer trois personnages qui marchent lentement sur une longue plage de sable. D'un côté il y a le mouvement de la mer, de l'autre côté **une falaise** *(cliff)*. Il y a des oiseaux sur la plage. Imaginez le progrès lent des personnages et les traces que les pattes des oiseaux laissent sur le sable.

Stratégies de lecture

A. Lisez maintenant la nouvelle que nous présentons sans notes dans la marge pour vous permettre d'apprécier la simplicité du texte et de mettre en application les stratégies de lecture que vous avez apprises.

B. Vous allez remarquer que l'auteur lui-même a coupé son texte en parties indiquées par des blancs, et que nous avons numérotées de **I** à **VI**.

C. A la fin de chaque partie, arrêtez-vous pour remplir le tableau dans **Compréhension**. Un modèle vous est proposé pour la première partie. Vous indiquerez pourles autres les éléments nouveaux qui se rapportent aux enfants, à la plage, au ciel, etc.

LECTURE

Alain Robbe-Grillet, *La Plage*

I.

Trois enfants marchent le long d'[1]une grève. Ils avancent, [2]côte à côte, se tenant par la main. Ils ont [3]sensiblement la même taille, et sans doute aussi le même âge: une douzaine d'années. Celui du milieu, cependant, est un peu plus petit que les deux autres.

5 [4]Hormis ces trois enfants, toute la longue plage est déserte. C'est une bande de sable assez large, uniforme, [5]dépourvue de roches isolées comme de trous d'eau, [6]à peine inclinée entre la falaise abrupte, qui parait [7]sans issue, et la mer.

Il fait très beau. Le soleil éclaire le sable jaune d'une lumière vio-
10 lente, verticale. Il n'y a pas un nuage dans le ciel. Il n'y a pas, non plus, de vent. L'eau est bleue, calme, sans la moindre ondulation venant [8]du large, bien que la plage soit ouverte sur la mer libre, jusqu'à l'horizon.

Mais à intervalles réguliers, une vague soudaine, toujours la
15 même, née à quelques mètres du bord, [9]s'enfle brusquement et [10]déferle aussitôt, toujours sur la même ligne. On n'a pas alors l'impression que l'eau avance, puis se retire; c'est, au contraire, comme si tout ce mouvement s'exécutait sur place. Le [11]gonflement de l'eau se produit d'abord comme une légère dépression, du côté
20 de la grève, et la vague [12]prend un peu de recul, dans un [13]bruissement de [14]graviers roulés; puis elle [15]éclate et [16]se répand, [17]laiteuse, sur la pente, mais pour regagner seulement le terrain perdu. C'est à peine si une montée plus forte, çà et là, vient [18]mouiller un instant quelques décimètres supplémentaires.

25 Et tout reste de nouveau immobile, la mer, plate et bleue, exactement arrêtée à la même hauteur sur le sable jaune de la plage, où marchent côté à côte les trois enfants.

---

[1] = une plage.   [2] l'un à côté de l'autre.   [3] à peu près.   [4] A l'exception de.
[5] sans roches isolées et sans trous d'eau.   [6] légèrement.   [7] = sans sortie.
[8] de la pleine mer.   [9] devient plus grosse.   [10] roule.   [11] *cf.* gonfler (= enfler).   [12] roule un peu vers l'arrière.   [13] bruit léger.   [14] petites pierres.
[15] se casse en fragments.   [16] coule largement.   [17] *cf.* le lait.   [18] rendre humide.

II.

Ils sont blonds, presque de la même couleur que le sable: la peau un peu plus foncée, les cheveux un peu plus clairs. Ils sont habillés
30 tous les trois de la même façon, culotte courte et chemisette, l'une et l'autre en [19]grosse toile d'un bleu [20]délavé. Ils marchent côte à côte, se tenant par la main, en ligne droite, parallèlement à la mer et parallèlement à la falaise, presque à égale distance des deux, un peu plus près de l'eau pourtant. Le soleil, [21]au zénith, ne laisse pas
35 d'ombre à leur pied.

Devant eux le sable est tout à fait [22]vierge, jaune et [23]lisse depuis le rocher jusqu'à l'eau. Les enfants s'avancent en ligne droite, à une vitesse régulière, sans faire le plus petit [24]crochet, calmes et se tenant par la main. Derrière eux le sable, à peine humide, est marqué des
40 trois lignes d'[25]empreintes laissées par leurs pieds nus, trois successions régulières d'empreintes semblables et pareillement espacées, bien creuses, [26]sans bavures.

Les enfants regardent droit devant eux. Ils n'ont pas un coup d'œil vers la haute falaise, sur leur gauche, ni vers la mer dont les
45 petites vagues éclatent périodiquement, sur l'autre côté. [27]A plus forte raison ne se retournent-ils pas, pour contempler derrière eux la distance parcourue. Ils poursuivent leur chemin, d'un pas égal et rapide.

III.

Devant eux, une troupe d'oiseaux de mer [28]arpente le rivage,
50 juste à la limite des vagues. Ils progressent parallèlement à la marche des enfants, dans le même sens que ceux-ci, à une centaine de mètres environ. Mais, comme les oiseaux vont beaucoup moins vite, les enfants se rapprochent d'eux. Et tandis que la mer efface au fur et à mesure les traces des pattes étoilées, les pas des enfants
55 demeurent inscrits avec netteté dans le sable à peine humide, où les trois lignes d'empreintes continuent de s'allonger.

La profondeur de ces empreintes est constante: à peu près deux centimètres. Elles ne sont déformées ni par [29]l'effondrement des bords ni par un trop grand [30]enfoncement du talon, ou de la pointe.
60 Elles ont l'air découpées [31]à l'emporte-pièce dans une couche superficielle, [32]plus meuble, du terrain.

---

[19] gros tissu (dont on fait les jeans).   [20] qui a perdu sa couleur.   [21] au plus haut dans le ciel.   [22] = sans traces.   [23] sans trous.   [24] détour.   [25] *cogn.*
[26] très nettes   [27] (ici) Par conséquent   [28] marche avec raideur sur.   [29] la démolition.   [30] *cf.* enfoncer (= entrer dans, pénétrer).   [31] par une machine.   [32] moins résistante.

Leur triple ligne ainsi se développe, toujours plus loin, et semble en même temps [33]s'amenuiser, se ralentir, [34]se fondre en un seul trait, qui sépare la grève en deux bandes, sur toute sa longueur, et
65 qui se termine à un menu mouvement mécanique, là-bas, exécuté comme sur place: la descente et la remontée alternative de six pieds nus.

Cependant à mesure que les pieds nus s'éloignent, ils se rapprochent des oiseaux. Non seulement ils gagnent rapidement du
70 terrain, mais la distance relative qui sépare les deux groupes diminue encore beaucoup plus vite, comparée au chemin déjà parcouru. Il n'y a bientôt plus que quelques pas entre eux . . .

Mais, lorsque les enfants paraissent enfin sur le point d'atteindre les oiseaux, ceux-ci tout à coup battent des ailes et s'envolent, l'un
75 d'abord, puis deux, puis dix ... Et toute la troupe, blanche et grise, décrit une courbe au-dessus de la mer pour venir se reposer sur le sable et se remettre à l'arpenter, toujours dans le même sens, juste à la limite des vagues, à une centaine de mètres environ.

A cette distance, les mouvements de l'eau sont quasi im-
80 perceptibles, si ce n'est par un changement soudain de couleur, toutes les dix secondes, au moment où [35]l'écume éclatante brille au soleil.

IV.

Sans s'occuper des traces qu'ils continuent de découper, avec précision, dans le sable vierge, ni des petites vagues sur leur droite, ni
85 des oiseaux, tantôt volant, tantôt marchant, qui les précèdent, les trois enfants blonds s'avancent côte à côte, d'un pas égal et rapide, se tenant par la main.

Leurs trois visages [36]hâlés, plus foncés que les cheveux, se ressemblent. L'expression en est la même: sérieuse, réfléchie, préoccupée
90 peut-être. Leurs traits aussi sont identiques, bien que, visiblement, deux de ces enfants soient des garçons et le troisième une fille. Les cheveux de la fille sont seulement un peu plus longs, un peu plus bouclés, et ses membres à peine un peu plus graciles. Mais le costume est tout à fait le même: culotte courte et chemisette, l'une et
95 l'autre en grosse toile d'un bleu délavé.

La fille se trouve à l'extrême droite, du côté de la mer. A sa gauche, marche celui des deux garçons qui est légèrement plus petit. L'autre garçon, le plus proche de la falaise, a la même taille que la fille.

---

[33] *cf.* menu(e) = petit(e).   [34] devenir une seule ligne.   [35] parties blanches sur les vagues.   [36] bruns à cause du soleil.

100   Devant eux s'étend le sable jaune et uni, à perte de vue. Sur leur gauche se dresse [37]la paroi de pierre brune, presque verticale, où aucune issue n'apparaît. Sur leur droite, immobile et bleue depuis l'horizon, la surface plate de l'eau est bordée d'un [38]ourlet [39]subit, qui éclate aussitôt pour se répandre en mousse blanche.

V.

105   Puis, dix secondes plus tard, [40]l'onde qui se gonfle creuse à nouveau la même dépression du côté de la plage, dans un bruissement de graviers roulés.

La vaguelette déferle; l'écume laiteuse gravit à nouveau la pente, regagnant les quelques décimètres de terrain perdu. Pendant le si-
110 lence qui suit, de très lointains coups de cloche résonnent dans l'air calme.

«Voilà la cloche», dit le plus petit des garçons, celui qui marche au milieu.

Mais le bruit des graviers que la mer aspire couvre le trop faible
115 [41]tintement. Il faut attendre la fin du cycle pour percevoir à nouveau quelques sons, déformés par la distance.

«C'est la première cloche», dit le plus grand.

La vaguelette déferle, sur leur droite.

Quand le calme est revenu, ils n'entendent plus rien. Les trois en-
120 fants blonds marchent toujours à la même cadence régulière, se te-nant tous les trois par la main. Devant eux, la troupe d'oiseaux qui n'était plus qu'à quelques [42]enjambées, gagnée par une brusque [43]contagion, bat des ailes et prend son vol.

Ils décrivent la même courbe au-dessus de l'eau, pour venir se
125 reposer sur le sable et se remettre à l'arpenter, toujours dans le même sens, juste à la limite des vagues, à une centaine de mètres environ.

VI.

«C'est peut-être pas la première, reprend le plus petit, si on n'a pas entendu l'autre, avant . . .
130   — On l'aurait entendue pareil», répond son voisin.

Mais ils n'ont pas, pour cela, modifié leur allure; et les mêmes empreintes, derrière eux, continuent de naître, au fur et à mesure, sous leurs six pieds nus.

«Tout à l'heure, on n'était pas si près», dit la fille.

---

[37] le mur.   [38] l'ourlet est la partie qui finit le bas d'une robe, d'un pantalon. etc.   [39] soudain.   [40]l'eau (poét.).   [41]bruit léger de la cloche.
[42] cf. la jambe.   [43] cf. contagieux/se.

135   Au bout d'un moment, le plus grand des garçons, celui qui se trouve du côté de la falaise, dit:

«On est encore loin.»

Et ils marchent ensuite en silence tous les trois.

Ils se taisent ainsi jusqu'à ce que la cloche, toujours aussi peu dis-
140 tincte, résonne à nouveau dans l'air calme. Le plus grand des garçons dit alors: «Voilà la cloche.» Les autres ne répondent pas.

Les oiseaux, qu'ils étaient sur le point de rattraper, battent des ailes
et s'envolent, l'un d'abord, puis deux, puis dix . . .

Puis toute la troupe est de nouveau posée sur le sable, progres-sant
145 le long du rivage, à cent mètres environ devant les enfants.

La mer efface à mesure les traces étoilées de leurs pattes. Les enfants, au contraire, qui marchent plus près de la falaise, côte à côte,
se tenant par la main, laissent derrière eux de profondes empreintes,
dont la triple ligne s'allonge parallèlement aux bords, à travers la
150 très longue grève.

Sur la droite, du côté de l'eau immobile et plate, déferle, toujours
à la même place, la même petite vague.

APRES LA LECTURE

Compréhension

Complétez le tableau suivant en y ajoutant les éléments descriptifs appropriés. Vous
n'êtes pas obligé(e) de faire des phrases.

Parties	Enfants	Plage	Ciel	Mer	Oiseaux	Sons
I.	trois	longue déserte	soleil violent	plate bleue		le bruit du gravier
ll 1–27	se tiennent par la main	sable uniforme	pas de nuages	calme		
	marchent côte à côte	jaune		une vague régulière		
		falaise	pas de vent			
	taille					
	âge					
II. ll. 28–48						

Parties	Enfants	Plage	Ciel	Mer	Oiseaux	Sons
III. ll. 49–82						
IV. ll. 83–104						
V. ll. 105–127						
VI. l. 128 jusqu'à la fin						

Interprétation

1. Relisez le texte en notant les mots, les expressions et les phrases qui sont répétés plusieurs fois pour décrire:

   a. les trois enfants
   b. le sable
   c. la mer
   d. les empreintes
   e. le mouvement des oiseaux

   Quel effet est cré par ces répétitions avec variations?

2. Comment est-ce que l'emploi répété du mot «même» renforce cet effet? Est-ce qu'il y a d'autres mots qui contribuent aussi à créer cet effet?

3. Quels sont les éléments en mouvement dans cette description? Quelle impression est crée par la description de ces mouvements (agitation, calme, lenteur, violence, sérénité, etc.)?

4. Est-ce qu'il y a des sons? Lesquels? A quels moments dans la description? Qu'est-ce qui domine, le silence ou les sons?

5. A votre avis, où se trouve le narrateur? Est-ce que son regard est immobile ou mouvant?

6. Est-ce que le narrateur exprime des réactions affectives ou des jugements devant cette scène? Justifiez votre réponse.

7. Quels rapports voyez-vous entre les différentes parties de cette nouvelle et le titre du livre *Instantanés*?

8. Diriez-vous que cette description est objective, subjective, réaliste, hyperréaliste, fantastique, poétique, lyrique, etc.?

9. Traditionnellement, les lecteurs d'une nouvelle s'attendent à une histoire. Est-ce que la première partie de la description crée un suspense et vous prépare pour une histoire? Est-ce que la suite de la nouvelle satisfait votre attente ou non? Pourquoi?

10. Savez-vous qui sont ces enfants? où ils vont? et pourquoi ils sont sur la plage? L'auteur leur a-t-il donné un profil psychologique? des sentiments? des pensées? Pourquoi?

11. Maintenant que vous avez compris ce texte, fermez les yeux de nouveau et revoyez la scène en imagination, mais cette fois-ci selon Robbe-Grillet.

Activité

Pensez à une scène et écrivez un «instantané».

Intertextualité

Traitement:	La description	Bille, «Vendanges» (11)
		Cayrol, *Histoire de la mer* (8)
		Rimbaud, «Le Dormeur du val» (9)
	Progression narrative: répétition et variations	Michaux, «Plume au restaurant»(5)
		Redonnet, «Ist et Irt» (3)

11
Vendanges

Corinna Bille

OBJECTIF

Vous allez lire une nouvelle dans laquelle la description tient une place importante. Elle permet de créer le suspense jusqu'à la fin.

AVANT LA LECTURE

Ouverture

1. la vigne
2. le cep
3. la grappe
4. la tige
5. le raisin
6. la brante
7. la cuve
8. le tonneau
9. le seau

A. **Les vendanges.** Regardez cette illustration. Décrivez ce que vous voyez en vous aidant du vocabulaire suivant:

la vendange (*grape-picking*), vendanger, un vendangeur (= un ouvrier), une vendangeuse (= une ouvrière)

la vigne (*vineyard*), un cep (*vine stock*), une grappe (*bunch of grapes*), la tige (*stem*), le raisin, un grain de raisin

sulfater les vignes (= mettre un produit chimique sur les vignes contre les maladies); cueillir le raisin; fouler le raisin (= écraser (*crush*) le raisin avec les pieds)

une brante (mot suisse = récipient en bois porté sur le dos, servant à transporter les raisins), la cuve (*vat*), le tonneau ou la tonne (*barrel*), le seau (*pail, bucket*)

les grappes flétries (= qui ne sont plus très fraîches), le raisin pourri (rotten)

B. **La saison des vendanges.** Les vendanges ont toujours lieu à la fin de l'été et parfois au début de l'automne.

Notes contextuelles

La Suisse et le Valais

Le Valais est un canton suisse (la Suisse est divisée en cantons) situé le long de la frontière française au nord du lac Léman. Sierre est la ville principale. On y parle le français, mais chaque vallée a son dialecte, son **patois.**

Référence biblique

(l. 27) «Des chars de *Jugement dernier.*» (char = *cart*)

L'image fait référence au jugement de l'homme par Dieu à la fin du monde, c'est-à-dire après l'apocalypse. Pendant le jugement dernier, **les élus** (*cf.* l'élection) seront séparés des **maudits** (*cf.* la malédiction).

Stratégie de langue

Le corps

Dans le texte, plusieurs termes relatifs au corps sont employés. Apprenez à les reconnaître:

Le menton (*chin*); le front (*forehead*); les joues (*cheeks*); le cou (*neck*); la paume (*palm*); l'ongle (*nail*); le talon (*heel*); la taille (*waist*); le genou (*knee*) (*cf.* s'agenouiller); la démarche (*gait*).

Stratégies de lecture

A. Le premier paragraphe

Lisez les deux premières phrases:

> Ils ne la remarquèrent pas °tout d'abord. Puis ce fut son si-
> lence qui °rendit sa présence plus réelle, comme une °autre
> °l'aurait accentuée par son rire ou sa voix.

°= d'abord

inf. rendre / = autre personne / l' = sa présence

1. Est-ce qu'on sait qui sont ces «Ils»?
2. Quels mots indiquent que le personnage principal de cette histoire va être une femme?
3. Quel est l'effet créé par l'utilisation de ces pronoms («ils», «la») au lieu de substantifs, dans les premières lignes du texte?

Lisez le reste du paragraphe:

> Pas très différente de ses compagnes: une belle fille, avec des
> yeux qui ne se donnent pas, un menton bien rond et une
> bouche qui, seule dans le visage, se permet de rêver.

L'auteur dit que la jeune fille n'est pas «très différente de ses compagnes». Pourtant, certains détails indiquent qu'elle ne fait pas vraiment partie du groupe, qu'il y a chez elle un élément de mystère. Quels sont ces détails?

B. En lisant le texte en entier, vous allez souligner: (1) les phrases ou expressions qui indiquent que la jeune fille n'est pas tout à fait comme les autres et qu'elle est isolée, (2) les phrases ou expressions qui suggèrent l'existence d'un mystère, (3) les phrases ou expressions qui suggèrent que le mystère est lié au regard. Cette stratégie vous permettra de mieux percevoir le suspense du récit.

C. Nous avons divisé le texte en quatre parties (I–IV). Ces parties ne correspondent pas toujours aux paragraphes de l'auteur. Si vous désirez vérifier votre compréhension pendant votre lecture, vous pouvez répondre aux questions qui correspondent à chaque partie (voir **Compréhension**).

LECTURE

Corinna Bille, *Vendanges*

I.

Ils ne la remarquèrent pas tout d'abord. Puis ce fut son silence qui rendit sa présence plus réelle, comme une autre l'aurait accentuée par son rire ou sa voix. Pas très différente de ses compagnes: une belle fille, avec des yeux qui ne se donnent pas, un menton bien
5 rond et une bouche qui, seule dans le visage, se permet de rêver.

«Elle n'est pas d'ici», dirent-ils. Elle °secoua sa torpeur et °se mit à   sortit de sa passivité
parler. Elle habitait un village du Bas-Valais, elle était venue à Sierre   / commença

II. pour les vendanges . . . On la laissa tranquille. Une bonne ouvrière.
Elle cassait la grappe de l'ongle et la °recueillait avec délicatesse   prenait
10 dans sa paume. Toujours fragile une grappe. Quand c'était trop dur,
elle °tranchait la tige à l'aide d'un petit couteau qu'elle [1]aiguisait   coupait
chaque jour avant de partir. On ne voyait guère de raisins pourris,
cette année-là; ils se révélaient intacts dans la main, glacés et
couverts de °gouttelettes °à l'aube, chauds comme des lampes à   *cf.* la goutte (d'eau)
15 midi. Si un grain roulait, elle le ramassait vite et le mettait dans le   / au lever du jour
seau avec un peu de terre. Il ne faut rien perdre.

Le seau rempli, elle allait le vider dans la brante. Un instant il y
avait, entre elle et l'homme qui foulait, une °brume légère. A ce mo-   vapeur
ment-là, elle le regardait. L'homme s'étonnait de ces yeux fixés sur
20 lui. Elle repartait. Les feuilles °heurtaient son [2]tablier, sa taille °virait,   touchaient / tournait
elle °rejoignait ses compagnes.   *cf.* rejoindre

Autour d'elle, on parlait souvent patois, ce qui l'isolait davantage.
Mais elle écoutait avec la même attention grave qu'elle mettait à
vendanger, et quand elle s'agenouillait devant un cep dont les grap-
25 pes traînaient sur le sol, c'était avec une ferveur étrange.

Sur la route, les chars passaient avec un bruit immense, un bruit
qu'ils ne faisaient pas le reste de l'année. Des chars de *Jugement
dernier*. Ils étaient °alourdis par les cuves et les tonneaux. Elle   *cf.* lourd(e)
regardait celui qui les °menait, puis détournait la tête.   conduisait
30 Le matin, les vignes de la plaine demeuraient des heures dans
l'ombre et le froid, tandis que celles de la montagne étaient toutes
baignées d'une °clarté qui avançait en descendant vers les   *cf.* clair(e)
vendangeurs. Ils la recevaient enfin sur eux. Elle les rassurait comme
s'ils avaient appris soudain qu'ils faisaient partie des élus et non des
35 maudits.

Le soir, quand on rentrait, la jeune fille marchait à côté des autres,
les joues poudrées de sulfate, avec dans le corps ce mouvement dansant qu'elle avait eu tout le jour en °circulant à travers les ceps. Quel-   marchant
quefois, ils revenaient par la ville. Ils éprouvaient de la fierté. La
40 grande rue s'emplissait °de ténèbres et de feux, mais le ciel à l'ouest   d'ombre
était encore clair comme une grappe.

Elle °logeait à Muraz, chez une sœur de sa mère qui regrettait de   habitait
l'avoir °accueillie sous son toit. «Elle °gagne aux vignes, sûr, mais   reçue chez elle / =
c'est quand même du °dérangement», disait la vieille femme à ses   gagne de l'argent
45 voisines. Heureusement, ce ne serait que pour trois semaines.   = travail supplé-
                                                                       mentaire pour moi

---

[1] sharpened.   [2] apron.

°La veillée, la jeune fille la passait debout, °sur le seuil, à contempler ce qui °bougeait dans la rue, avec cette dignité, cette assurance que donne une longue journée de travail. Elle °dévisageait les passants. «C'est une ³effrontée», pensait sa tante. Celle-ci avait peur de
50 tout, ces soirs-là. «Les gens ne sont pas comme d'habitude . . .» Ils vivaient une autre vie, nocturne, pleine de mystère et de passion. On le devinait °rien qu'à voir °défiler les hommes au front brillant, à la démarche de somnambule. Et le °vacarme qu'ils se permettaient de °mener, comme en plein jour! Ils tapaient sur les ⁴douves, ils lavaient
15 les tonnes à grande eau. Et cette fille, sa nièce, qui restait là en extase, les yeux agrandis °à force de les tenir ouverts. C'est vrai qu'ils étaient beaux ces yeux et qu'ils ne °cillaient pas, malgré la fatigue. Et quand la lune s'élevait au-dessus du Corbetschgrat, car la lune est toujours là pour les vendanges, mais grande comme on ne se
60 souvenait pas de l'avoir vue, la vieille femme °éblouie se cachait.

III.   La jeune fille finissait, elle aussi, par rentrer. Une fois, sa tante la surprit en °pleurs dans la cuisine.
    —Qu'as-tu?
    —Rien.
65   —Quand on pleure, c'est qu'on a quelque chose.
    —Je me décourage, voilà.
    Le lendemain, elle repartit aux vignes avec le même °élan que les autres jours, cette °allégresse qui la faisait paraître plus grande que ses compagnes. Elle respirait °à longs traits l'air froid de ce pays
70 d'automne, heureuse d'être là, d'avoir devant elle un jour entier qui lui apporterait peut-être ce qu'elle désirait. Sur la route, près du °verger, quelques ⁵noix étaient tombées. Elle les écrasait d'un coup de talon, puis les °croquait en prenant bien soin d'en enlever la peau. «Les noix sur les chemins sont à ceux qui les ramassent», di-
75 saient les vendangeuses.
    Mais la jeune fille voyait autour d'elle toutes les vignes de Sierre et une angoisse °l'étreignait: celles de la Noble Contrée qui °s'étagent et se multiplient en °éventails, celles des Bernunes qui font face à la forêt de Finges, celles des Planzettes et de Géronde, celles de
80 Pradegg, celles de Saint-Gignier. Jamais elle n'avait imaginé qu'il y en eût en si grand nombre. Et tant de °collines, et sur chaque colline des vignes! Elle n'était pas habituée a cela, elle vivait près de Fully, avec la montagne si proche et une plaine sans surprise qu'on découvrait °d'un seul coup.
85   Elle les °parcourut presque toutes; elle vendangea pour des marchands, pour des inconnus. Maintenant, le matin, les prés et les

---

³ brazen wench.   ⁴ staves (of a barrel).   ⁵ walnuts.

<!-- right margin glosses -->
= Le soir / devant la porte
passait
regardait avec insistance le visage des

seulement à / passer
grand bruit
faire

= parce qu'elle les tenait
se fermaient

émerveillée (frappée comme par une intense lumière)
cf. pleurer

enthousiasme
joie
profondément

jardin d'arbres fruitiers
mangeait

la saisissait / se superposent
arcs de cercle

petites montagnes

tout de suite
= visita

vignes étaient couverts de [6]gelée blanche. Elle avait mis un gros °tricot sous son tablier gris et, sur la tête, un [7]fichu de serge bleu qu'elle °nouait dans le cou. Le feuillage °s'émiettait dans sa main et
90 les grappes flétries perdaient leur transparence.

    Une nuit, il neigea. Elle vit un pays extraordinaire, blanc et or, car les feuilles des arbres n'étaient pas toutes tombées. Ce jour- là, elle crut qu'il se passerait quelque chose . . .

IV.   Mais le soir, elle revint °déçue. Il n'y avait plus de neige sur les
95 chemins, seulement de la [8]boue. Elle murmura: «Je ne le trouverai jamais.»

    Elle °songea à retourner chez elle. Mais elle resta encore. Les vendanges °tiraient à leur fin. Elle offrit son aide à une voisine qui possédait une vigne dans la hauteur. Elle monta un sentier très
100 °raide, plein de °cailloux, et traversa deux villages, puis elle arriva sur la grande route. Là, près d'un mur, un char attendait. Et l'homme qui tenait °le mulet par la °bride, ce ne fut pas elle qui le regarda, ce fut lui qui arrêta ses yeux sur la jeune fille.

    Elle °sursauta: elle ne l'avait pas vu. Elle ne l'attendait plus. °Con-
105 fuse, elle s'étonna de le trouver si semblable à ce qu'il était lors de leur première rencontre.

    —Bonjour, dit-elle.

    Comme la première fois, ils n'eurent pas besoin de s'expliquer: ils furent tout de suite °en confiance. Ils s'étaient rencontrés sur la
110 route, dans le Bas-Valais, il y avait de cela une année. Après avoir parlé un moment ensemble, ils s'étaient dit adieu. Plus tard, elle s'aperçut qu'il ne savait pas son nom et qu'elle °ignorait le sien. Il lui avait seulement dit qu'il était du centre et qu'il travaillait aux vignes. En hiver, il [9]braconnait. «Je vous enverrai une fois [10]une peau de re-
115 nard ou de martre ...» Elle avait ri. Maintenant, elle n'avait plus envie de rire.

    —Je savais bien que je vous reverrais, dit-il.

    «Ce n'était pas si facile», pensa-t-elle, et °elle lui en voulut d'être si simple.

Marginal glosses:

lainage (*cf.* la laine)

attachait / se cassait en petits morceaux

désappointée

pensa

touchaient

incliné / pierres

la mule / *cogn.*

cf. sauter (de surprise) / Toute surprise

à l'aise

ne savait pas

elle eut du ressentiment envers lui

---

[6] hoarfrost   [7] blue cotton scarf.   [8] mud.   [9] poached.   [10] skin of a fox or a marten (sort of weasel).

APRES LA LECTURE

Compréhension

I. Introduction (ll. 1–8, jusqu'à «On la laissa tranquille»)

1. A quel temps sont la plupart des verbes de cette partie?
2. Qu'est-ce que nous apprenons dans cette partie: (a) sur le personnage principal, (b) sur la raison de sa présence «ici», (c) sur le lieu où l'histoire se passe?

II. Les vendanges (ll. 8–61, à partir d'«Une bonne ouvrière»)

1. Est-ce que le temps des verbes est le même que dans l'introduction? Pourquoi?
2. Cherchez les détails qui confirment que la jeune fille était une «bonne ouvrière».
3. Qu'est-ce qui est surprenant dans son comportement?
4. Quels sont ses rapports avec les autres vendangeurs et vendangeuses?
5. Pourquoi est-ce qu'elle habite chez sa tante?
6. Quelle est l'attitude de sa tante envers elle?
7. Qu'est-ce qu'elle fait le soir après les vendanges?

III. Autres vendanges (ll. 61–93, à partir d'«Une fois . . .»)

1. Quelle est l'expression qui signale un changement de temps?
2. Quelle est l'importance de la petite conversation entre la tante et la nièce pour notre compréhension de l'histoire?
3. Comment est-ce que la deuxième description de la jeune fille (ll. 67–90) est différente de la première? Sur quoi est-ce que cette description insiste?
4. A votre avis, qu'est-ce que la jeune fille attend (ll. 92–93)?

IV. Conclusion (l. 94, jusqu'à la fin)

1. Qu'est-ce que la phrase «Je ne le trouverai jamais» (ll. 96–97) nous apprend de nouveau dans l'histoire? Est-ce que cela confirme ce que vous pensiez?
2. Finalement, le mystère est résolu. Qui est-ce que la jeune fille cherchait?
3. Où avait-elle déjà rencontré cette personne?
4. Qu'est-ce qu'il y a d'inattendu ou d'ironique dans cette seconde rencontre?
5. A votre avis, pourquoi est-ce que la jeune fille reproche à l'homme d'être «si simple»?

Interprétation

A. Le décor

«. . . La grande rue s'emplissait de **ténèbres** et de **feux**, mais le ciel à l'ouest était encore **clair** comme une grappe.» (ll. 39–41)

D'une certaine façon, ces images caractérisent poétiquement l'esprit de la nouvelle.

1. Trouvez dans le texte les détails qui créent une impression de clarté (pureté, lumière).
2. Trouvez les détails qui ont un rapport symbolique avec le feu (la passion amoureuse, la violence potentielle, etc.).
3. Trouvez enfin les détails qui révèlent la présence de ténèbres peut-être inquiétantes sous la clarté (la magie, l'apocalypse, la vie nocturne, etc.).

B. La jeune fille

1. Dans le premier paragraphe l'auteur dit que la jeune fille n'est pas très différente de ses compagnes. Quels sont les détails du texte qui suggèrent qu'elle est différente en réalité? Quels sont les détails qui suggèrent qu'elle est isolée?
2. Quelle conception de l'amour a-t-elle? Qu'est-ce que les dernières lignes du texte suggèrent sur la différence fondamentale entre la jeune fille et l'homme?
3. Qu'est-ce que vous pensez de l'obstination de la jeune fille?
4. La jeune fille pense: «Ce n'était pas si facile». Comment comprenez-vous cette phrase?
5. A votre avis, est-ce que l'auteur nous propose une fin heureuse? Imaginez ce qui pourrait se passer plus tard.
6. Est-ce que vous pensiez que le récit finirait autrement? Pourquoi?

Style et langue

Dialogues

1. Il y a peu de dialogues dans cette nouvelle, mais ils sont employés pour souligner les moments forts du récit. Donnez quelques exemples.
2. Soulignez les parties du texte qui sont entre guillemets. Qu'est-ce que les guillemets indiquent ici? A deux moments du texte, il y a un dialogue qui n'est pas indiqué par des guillemets. Comment est-ce que l'auteur indique ces dialogues? Qui parle?
3. Le dernier dialogue contient seulement deux répliques. Quelle est son importance dans le récit? Voyez-vous un rapport avec la phrase proposée par la jeune fille aux lignes 95–96?

Activité

Vous êtes allé(e) à une soirée où vous avez rencontré quelqu'un que vous aimeriez revoir. Vous n'avez pas son adresse, mais vous vous souvenez de certains détails particuliers concernant cette personne. Imaginez comment vous allez essayer de retrouver sa trace.

Intertextualité

Thèmes:	L'attente de l'amour	Colette, «La Petite Bouilloux» (20)
	L'amour fou	Jouhandeau, «Le Fou» (15)
	Le regard	Eluard, *Les Yeux fertiles* (16)
	L'Autre différent	Baudelaire, «L'Etranger» (18)
Traitement:	Description de la nature	Rimbaud, «Le Dormeur du val» (9)
		Robbe-Grillet, «La Plage» (10)

12
L'Enfant et la rivière
Henri Bosco

OBJECTIF

Ce récit va vous aider à comprendre la fonction d'une description minutieuse dans un contexte de fable.

AVANT LA LECTURE

Ouverture

La société contemporaine est une société qui ne semble pas accorder beaucoup d'importance à la «sagesse»; à votre avis, pourquoi? En fait, qu'est-ce qu'on veut dire quand on parle de la sagesse des hommes? Quelles qualités est-ce que la sagesse évoque pour vous? Est-ce que la notion de sagesse est nécessairement liée à une croyance religieuse?

Notes contextuelles

Les notables du village

Autrefois, dans les villages français, les notables (personnages importants) étaient **le maire** (*mayor*), **le curé** (= le prêtre), **le notaire** (homme de loi s'occupant de testaments, contrats, etc), **le médecin** et **le garde champêtre** (sorte de policier de village, *cf.* «Plein Soleil», texte 17, ***Notes contextuelles***). Dans ce récit, **un ancien Navigateur** et **le buraliste**, la personne qui s'occupe d'un bureau de tabac (*State Tobacco Shop*) font aussi partie des notables. Le maître d'école, qui était un personnage important dans la vie du village, n'apparaît pas ici.

Les Bohémiens

Les Bohémiens (*Gypsies*) sont les membres de tribus nomades qu'on croyait originaires de la Bohême, en Europe centrale, ce qui explique leur nom. Leur **fierté** (*pride*) était proverbiale mais, dans les villages, on les jugeait dangereux et on les accusait de toutes sortes de crimes. Ils avaient en particulier la réputation d'enlever (*kidnap*) les jeunes enfants.

Dans le texte, il est question d'un jeune Bohémien conforme à ce stéréotype néga-
tif: il **ment** (mentir = *to lie*), **jure** (jurer = t*o swear*), **triche** (tricher = *to cheat*),
vole (voler = *to steal*), ll. 122–123. L'auteur dit (l. 123) que «pour un rien, il met la
main à son couteau» (il est toujours prêt à utiliser son arme).

Stratégie de langue

Le texte que vous allez lire contient des **descriptions** très précises, des portraits
physiques et moraux. Ces portraits sont le plus souvent humoristiques. Les exercices
qui suivent vous permettront de mieux les comprendre.

A. Traits physiques:

Il est question dans le récit d'un personnage dont le nez est **charnu** (l. 39).
L'adjectif est dérivé du substantif **la chair**. Un nez charnu est donc un nez
plutôt gros.

Retrouvez les substantifs ou les adjectifs correspondants:

Adjectif	*Substantif*	
chevelu	_____	(l. 19)
ventru	_____	(l. 26)
barbu	_____	(l. 38)
_____	moustache	(l. 43)

B. Traits moraux:

Voici une liste de qualités et de défauts moraux. Quels sont les adjectifs correspondants?

la patience (l. 23)	patient/patiente
la bienveillance (l. 27)	_____
la résignation (l. 27)	_____
le calme (l. 53)	_____
la simplicité (l. 53)	_____
l'indulgence (l. 69)	_____
la sagesse (l. 80)	_____
le mépris (l. 87)	_____
l'orgueil (l. 132)	_____

C. Traits humoristiques:

Les personnages du récit sont représentés dans des attitudes qui révèlent leur
statut social ou leur caractère. Prenons comme exemple les notables:

Notables	Détails caractéristiques
Le maire ...	«trônait» au milieu d'un banc (l. 18) le trône = le siège du roi; trôner
Le vieux curé ...	«croisait les mains» (ll. 25–26) la croix = *the cross*; croiser
Le notaire ...	«se grattait le bout du nez» (l. 29) gratter = *to scratch*
Le médecin ...	était «coiffé d'un canotier de paille» (ll. 30–31) un canotier = un chapeau de paille (*straw*) et . . . «essuyait son binocle d'or avec un mouchoir à carreaux» (l. 31) essuyer = *to wipe*; un mouchoir = *a handkerchief*
Le garde champêtre ...	«portait [une] barbiche (*little beard*) militaire et un galon d'argent (*silver stripe*) entourait son képi (*cap*)» (ll. 35–36)
L'ancient Navigateur ...	avait un «visage boucané» et les «yeux verts» (l. 40) boucané = à la peau sèche et brûlée par le soleil
Le buraliste ...	était «boulot, moustachu et rageur» (l. 43) boulot = un peu gras; rageur = irascible

Sans avoir lu le texte, est-ce qu'on peut deviner pourquoi ces détails sont humoristiques? Reconnaissez-vous certains stéréotypes?

Stratégies de lecture

A. Lisez d'abord le début du récit:

> J'entrai dans le village par le haut. Les °ruelles étaient désertes, les maisons paraissaient inhabitées. Et cependant, elles sentaient encore le pain chaud et la soupe °d'épeautre. Evidemment, les gens venaient °à peine d'en partir. Et maintenant ni
> 5 bruit, ni lampe . . .
>
> Les chiens eux-mêmes, si °hargneux °sur les lisières des villages, °s'en étaient allés avec leurs maîtres. Les poules dormaient. °Pas un chat. Ils avaient émigré ailleurs.
>
> Je suivis la ruelle °en pente et, allant ainsi au hasard, de mai-
> 10 son en maison, toujours dans le silence, soudain °je débouchai sur une petite ¹place.
>
> Alors tout le mystère m'°apparut.

petites rues

de blé dur

juste

agressifs / = autour des / étaient partis
fam. Personne n'était là.
inclinée
j'arrivai

inf. apparaître

1. Où se trouve le narrateur? Qu'est-ce qu'on peut deviner de la vie des habitants de ce village? Quels détails nous renseignent?

¹ village square.

2. Peut-on deviner ici s'il s'agit d'un récit qui se passe à notre époque ou dans le passé? Pourquoi?

3. Quelle impression générale est créée dans cette partie du récit?

4. Pourquoi est-ce que l'atmosphère est particulièrement inhabituelle?

5. Pourquoi est-ce que le narrateur parle de «mystère» (l. 12)?

6. Pouvez-vous imaginer la suite du récit?

B. Nous avons divisé la suite du récit en cinq parties (I–V) pour vous permettre de mieux comprendre ce qui se passe:

I. Les villageois (ll. 12–55)
II. La place du village (ll. 56–75)
III. La représentation: premier «acte» (ll. 76–117)
IV. La représentation: second «acte» (ll. 118–168)
V. Commentaire (l. 169 à la fin)

Après avoir lu chaque partie, vérifiez votre compréhension en répondant aux questions qui y correspondent dans **Compréhension**.

LECTURE

Henri Bosco, *L'Enfant et la rivière*

[Le narrateur de ce récit est un jeune garçon nommé Pascalet. A la suite d'une série de circonstances, il se trouve entraîné dans des aventures qui le conduisent loin de chez lui, en compagnie d'un jeune Bohémien. Un soir, Pascalet entre dans un village qui semble abandonné. Voici ce qu'il raconte:]

J'entrai dans le village par le haut. Les ruelles étaient désertes, les maisons paraissaient inhabitées. Et cependant, elles sentaient encore le pain chaud et la soupe d'épeautre. Evidemment, les gens venaient à peine d'en partir. Et maintenant ni bruit, ni lampe . . .

5　　Les chiens eux-mêmes, si hargneux sur les lisières des villages, s'en étaient allés avec leurs maîtres. Les poules dormaient. Pas un chat. Ils avaient émigré ailleurs.

Je suivis la ruelle en pente et, allant ainsi au hasard, de maison en maison, toujours dans le silence, soudain je débouchai sur une pe-

10　tite place.

Alors tout le mystère m'apparut.

I.

Le village était là, le village tout entier, hommes et bêtes. Et il semblait attendre.

Il semblait attendre avec confiance. C'était un village patient et
15 °de bonne foi. °Cela sautait aux yeux, rien qu'à voir la tête des gens.
Elles étaient °sensées et pacifiques et il y en avait plusieurs rangs.

Le premier se tenait assis, gravement sur un banc de bois. Au milieu trônait le maire.

Le maire avait la face °glabre et les cheveux °raides et blancs. Il
20 était °endimanché. Un énorme [1]faux col amidonné sortait de sa ja-
quette °puce, et probablement °le gênait beaucoup, car il n'osait
tourner la tête. °Aussi regardait-il droit devant lui avec une extrême
patience, ce qui, °en tant que maire, lui donnait une grande dignité.

Devant son immobilité, les autres, par respect, restaient im-
25 mobiles. A sa droite, d'abord, le vieux curé. Par habitude, il croisait
les mains sur son ventre, et sa grosse figure avait pris pour la circon-
stance un air de bienveillance et de résignation.

A côté de lui, le notaire, petit vieux, °maigre comme un [2]clou, à la
bouche °railleuse, se grattait le bout du nez. Il °l'avait pointu.
30 Le médecin ventru, en veste d'alpaga, coiffé d'un canotier de
paille, essuyait son binocle d'or avec un mouchoir à carreaux, pour
mieux y voir. C'était, lui aussi, un homme °d'âge, le visage barbu et
°couperosé.

Immédiatement à la gauche du maire, le garde champêtre °som-
35 meillait. Il semblait plus vieux que le monde, mais il portait barbiche
militaire, et un galon d'argent entourait son képi.

Près de lui, un vieillard °à la large carrure orgueilleusement °se
carrait. Sur sa poitrine il étalait en un vaste °éventail sa barbe
blanche. De temps à autre, il levait un grand nez charnu, pour
40 °humer l'air; et, dans son vieux visage boucané, ses yeux verts
restaient immobiles.

C'était l'ancien Navigateur, la gloire du village.

Sous son épaule, se cachait, boulot, moustachu et rageur, le petit
buraliste. °Sexagénaire et °retraité, il était le seul de la file qui °n'eût
45 pas toujours de bons sentiments.

Tel était le banc des notables.

Derrière se °groupaient les villageois.

D'abord les femmes, sur trois rangs: à droite, toutes les grand-
mères, et, au centre, toutes les femmes mariées. Les jeunes filles °se
50 serraient à gauche et ne cessaient pas de rire ou de °chuchoter.

Derrière les femmes, les hommes. Debout sur quatre rangs. Il y en
avait de longs et de larges, de moustachus et de rasés. Mais la même
expression de calme et de puissante simplicité °modelait leurs visages.

Marginal glosses:

= honnête / C'était évident
cf. le bon sens

bien rasée / *contr.* bouclés / élégant (comme le dimanche) / rouge très sombre / était très inconfortable C'est pourquoi comme

contr. gros

moqueuse (*cf.* se moquer de) / = le nez

âgé

rouge

cf. le sommeil

aux larges épaules / se tenait raide / arc de cercle

respirer

Agé de plus de 60 ans / ne travaillant plus / n'avait

cf. le groupe

étaient les unes contre les autres / parler à voix basse

cogn.

---

[1] detachable starched collar.   [2] nail.

55   Tous regardaient dans la même direction.

II.

Ils regardaient un [3]orme colossal dont °le feuillage, tel un dôme, °s'étalait sur toute la place.

 les feuilles recouvrait

Aux branches les plus basses on avait suspendu une multitude de petits °lampions et de grandes lanternes °vénitiennes multicolores.

 cf. la lampe / = en papier

60   Sous °l'ormeau se dressait un modeste théâtre de [4]toile. Et, de chaque côté de ce théâtre, en avant des notables, bien en vue, on avait °aligné les enfants, sur les bancs de l'école. Les garçons à droite, les filles à gauche. Et là, ils attendaient, aussi sagement que les grandes personnes.

 l'orme

 cogn.

65   °Pour lors le rideau du petit théâtre était baissé. Mais on pouvait y admirer une peinture. Elle représentait un [5]âne. Cet âne était assis dans un fauteuil. Il avait des lunettes et il tenait un livre. Devant lui, à genoux, un petit garçon écoutait. L'âne lui faisait la °leçon. Par-dessus l'âne et l'enfant, souriait, avec indulgence et °malice, un

 Pour le moment

 morale

 (*ici*) humour

70   masque couronné de [6]lierre, qui tenait les yeux baissés.

 cf. la couronne (*cogn.*)

Derrière le théâtre, il y avait l'église: un porche profond et plein d'ombre.

Et, par-dessus l'église, l'ombre, le théâtre, les villageois, les lanternes et l'orme immense, flottait le grand ciel de la lune d'avril, tout

75   électrisé.

III.

Je ne sais ce qui se passa d'abord, réellement. Car j'étais trop °ravi pour comprendre, et peut-être un spectacle aussi merveilleux n'avait-il été composé que pour charmer les yeux et les oreilles . . .

 fasciné

On entendit d'abord, derrière le théâtre, une voix qui [7]chevrotait,
80   mais elle était prenante et, °nourrie de sagesse. Tout de suite j'en fus touché au fond du cœur. Cette voix annonçait ce qui se préparait derrière le rideau; elle disait le nom des personnages et nous demandait de les croire, car ils allaient, pour nous, rire, pleurer, haïr, aimer, c'est-à dire vivre et mourir comme des hommes . . .

 pleine de

85   Après cette courte harangue, le rideau se leva sur un jardin et son jardinier. Dans ce jardin poussaient des fruits énormes; et le jardinier en était très fier, si fier qu'il regardait avec °mépris tous les autres jardiniers. Il avait une jeune femme et un fils beau comme le jour. On les voyait tous deux qui couraient sous les arbres pour attraper

 contr. estime

90   de grands [8]papillons bleus. Le jardinier était fier de sa femme et de

[3] elm. [4] canvas. [5] donkey. [6] ivy. [7] quivered. [8] butterflies.

son fils presque autant que de ses melons et de ses prunes. C'est pourquoi il leur °défendait de fréquenter les petits jardiniers du voisinage; et ils obéissaient.

°Or, voilà qu'un beau jour passe un [9]mendiant, très fatigué, un
95 vieux mendiant °accablé par la faim et la soif. Une pêche °pendait sur le chemin, par-dessus la [10]haie °de l'enclos. Le mendiant la cueille et °s'apprête à la manger. Soudain, l'orgueilleux jardinier apparaît, rouge de colère et, se jetant sur le mendiant, ce pauvre! il lui fait °lâcher le fruit d'un coup de bâton. Le fruit tombe sur le chemin
100 et le mendiant s'en va, résigné, sans se plaindre.

Or, °sachez que c'était saint Théotime qui voyageait, en ce temps-là, pour ses affaires, c'est-à-dire pour celles du Bon Dieu.

Et, le décor °ayant changé, le Bon Dieu lui-même arrivait sur un nuage. Il manifestait aussitôt la plus vive irritation, et il parlait du
105 jardinier en termes tels que toute l'assistance en °frémissait de peur, particulièrement les filles. Après quoi, il s'en allait à son tour, °grondant de menaces, et un [11]roulement de tambour, derrière le théâtre, imitait le [12]tonnerre. Le Bon Dieu, irrité, allait °venger son Saint.

110 On revenait alors au jardin de la terre. L'enfant jouait. On le voyait courir °sans méfiance; et cependant, juste sous le °pêcher de Théotime, une vieille sorcière °le guettait avec des yeux de °braise. Elle avait ramassé le fruit sur son chemin.

Ah! quel beau fruit! Je le vois encore. °L'ayant [13]léché, la sorcière
115 le pose, rose et tendre, au pied de l'arbre.

L'enfant passe, le voit, le mange et °tombe évanoui. La sorcière tombe sur lui et l'emporte dans les airs.

IV.

Des années passent. On voit un camp de Bohémiens. C'est là °que vit l'enfant. Il a beaucoup °grandi, mais il a perdu toute sa mémoire.
120 Car la sorcière avait empoisonné le fruit. En y °mordant il y avait laissé tous ses souvenirs. Aussi n'a-t-il plus un bon sentiment. C'est maintenant °le pire garnement de la tribu: il ment, il jure, il triche, il vole, comme l'on respire, et pour un rien, il met la main à son couteau. Tout le monde °le craint.

125 Et ses parents?

Il les a oubliés depuis longtemps puisqu'il a perdu la mémoire. Mais eux se souviennent toujours. Et ils sont très malheureux. °Les fruits ont beau pousser, aussi gros que jadis à profusion, sur tous les

---

interdisait

Mais
souffrant de / *inf.* pendre
= du jardin
est sur le point de

= laisser

inf. savoir

inf. avoir

tremblait

= faisant avec colère des menaces
cf. la vengeance

= avec confiance / *cf.* la pêche
l'observait / = feu

Après l'avoir

perd connaissance

qu'habite
inf. grandir
inf. mordre

le plus mauvais garçon

a peur de lui (*inf.* craindre)

Bien que les fruits poussent / dans le passé

---

[9] beggar.   [10] hedge.   [11] roll of the drum.   [12] thunder.   [13] licked.

arbres, le jardinier ne pense même plus à les cueillir. Il a vieilli.

130 Songez qu'il pleure du soir au matin, °en cachette de sa femme. — *sans le montrer à*

Son chagrin lui a fait des cheveux blancs; et il n'a plus, dans sa poitrine, une °once d'orgueil. — *cogn.*

Lui et sa femme espèrent toujours.

«Le petit reviendra», se disent-ils. Et ils l'attendent.

135 °Aussi la porte est-elle ouverte, nuit et jour, pour qu'il puisse rentrer dans la maison sans les appeler. — *C'est pourquoi (cf. l.22)*

Mais °voilà-t-il pas qu'une nuit les Bohémiens arrivent. Ils se cachent dans les bois. — *= voilà qu'*

Or, le soir même, un vieux mendiant est venu demander
140 °l'aumône. Il avait faim, il avait soif. Le jardinier s'est souvenu. Il lui a donné un ¹⁴panier de pêches. Le mendiant n'a pris qu'une pêche et a °mordu dedans sans la manger. Puis il a dit au jardinier: «Garde-la bien °soigneusement °au chevet de ton lit, et prends patience. Un jour quelqu'un la mangera.» Après quoi il °disparut. C'était saint
145 Théotime. — *la charité* / *inf. mordre* / *avec soin / à la tête* / *inf. disparaître*

Les Bohémiens, cachés dans le bois °ténébreux, ont vu le jardin admirable. Et tous °en chœur ils se sont dit: «Le jardinier est riche. On va le voler.» Le °sort a désigné l'enfant habile au vol. — *sombre* / *ensemble* / *hasard / excellent*

La lune s'en va, la nuit tombe, la ¹⁵chouette ulule, et l'enfant °se
150 faufile dans l'enclos. Il °atteint la maison, trouve la porte et, °à tâtons, il cherche la ¹⁶serrure. Mais ses mains ne rencontrent que le vide . . . Cette étrange maison, sans °souci des voleurs, repose, en pleine nuit, la porte grande ouverte. — *entre sans bruit* / *inf. atteindre (arriver à) / = avec les mains* / *inquiétude*

Le mauvais garnement hésite, tremble . . .

155 Il avance cependant, par °amour-propre; mais il a chaud, sa gorge brûle, il meurt de soif. Soudain, il découvre une chambre. Un vieil homme y dort sur le dos. Une °veilleuse °éclaire sa figure. Et près de lui, à son chevet, sur une assiette °peinte, il y a une pêche, juteuse °à point, où deux dents, semble-t-il, ont °à peine mordu. — *fierté* / *petite lampe / cf. clair(e)* / *inf. peindre / à la perfection / pratiquement pas*

160 L'enfant voleur °tend sa main vers le fruit et le porte à sa bouche. Quel goût! Quelle °douceur! Mais ce n'est pas un fruit! Cela vous °emplit tout le corps, ¹⁷cela vous tire toute l'âme! Où suis-je? . . . Il crie! . . . — *avance* / *cf. doux, douce* / *= remplit (cf. plein)*

Le bon vieux s'éveille. Sa femme °accourt . . . — *vient en courant*

165 Ah! c'est leur fils. Il est là, il les voit, il les reconnaît, il °sanglote. — *pleure*

Le Bon Dieu apparaît dans son nuage et ¹⁸hoche la tête °de satisfaction. — *avec*

Le rideau tombe.

¹⁴basketful.   ¹⁵owl.   ¹⁶lock.   ¹⁷it revives your soul.   ¹⁸nods.

V.

En ce temps-là, dans nos villages, les gens avaient encore l'esprit
170 simple et, quand ils prenaient du plaisir, ils le prenaient bien. Cette
simplicité d'esprit leur permettait de comprendre tout de suite le
sens profond des °contes; et, s'ils étaient ravis de leur naïveté, c'est   récits
qu'elle °s'accordait à leur propre sagesse. °Réduite à quelques pen-   était en accord avec /
  inf. réduire
sées claires, cette sagesse peut nous sembler °courte; et cependant   limitée
175 elle est le °trésor épuré d'une antique expérience.   *cogn.*

Ce vrai savoir, s'il °vit réellement, n'est pas °morose. Il appelle   existe / ennuyeux
souvent et inspire °la fantaisie des hommes. Alors il devient, comme   l'imagination
dans ce conte, un °divertissement, et ce qu'il enseigne est si beau   amusement
que la sagesse nous enchante.

180 Visiblement, cette nuit-là, elle enchanta toutes les têtes du village.
Durant toute la °représentation, le maire resta bouche °bée. Le curé,   pièce / ouverte
lui, °bayait aux anges et, quand le Bon Dieu apparut, il °se signa. Le   = était ravi / fit le
  signe de la croix
notaire et le médecin se déclarèrent satisfaits. Le Navigateur, quatre
fois, °faillit se lever de colère pour aller °étrangler la sorcière exécra-   se leva presque /
  cogn.
185 ble et les °perfides Bohémiens. On eut quelque peine à le retenir. Les   *cogn.*
villageois par rangs entiers manifestèrent de puissantes émotions. Il
y eut des ho! et des ha! qui °grondèrent °en sourdine et ils °trahis-   *cf.* l. 107 / tout bas /
saient la colère, l'indignation ou la pitié. Les enfants, eux, ne disaient   = exprimaient
rien, mais ils °écarquillaient étrangement les yeux. Le drame les
190 hypnotisait. Un magicien les avait pris dans son [19]filet de charmes. Ils   ouvraient
ne regardaient plus, car ils étaient passés °de l'assistance sur la   des spectateurs
[20]scène, où ils étaient non plus eux-mêmes mais les êtres qu'ils
voyaient. On ne leur jouait plus la pièce, c'étaient eux qui, merveil-
leusement, se la jouaient entre eux. Alignés sur leurs bancs on les
195 voyait parfois [21]soupirer ensemble, et leurs petits visages passionnés,
°serrés l'un contre l'autre, s'immobilisaient dans l'°extase.   *cf.* ll. 49–50 / *cogn.*

APRES LA LECTURE

Vérification

Mots de la même famille

Il est souvent possible de deviner le sens d'un mot en pensant à un autre mot de la
même famille (exemple: **un villageois** est une personne qui habite dans **un village**). Pouvez-vous donner un mot de la même famille pour les mots suivants que
vous avez vus dans le texte? Ces mots ont parfois un équivalent en anglais (*cog-
nate*):

[19] net.   [20] stage.   [21] sigh.

ll. 1–2	. . . les maisons paraissaient **inhabitées.**
ll. 19–20	. . . Il était **endimanché**. (*allusion à ses vêtements*)
l. 47	Derrière **se groupaient** les villageois.
ll. 85–86	. . . son **jardinier**.
l. 100	. . . le mendiant s'en va, **résigné** . . .
l. 120	Car la sorcière avait **empoisonné** le fruit.
ll. 158–159	. . . il y a une pêche, **juteuse** à point . . .
l. 175	. . . le trésor **épuré** . . . (trésor = *cogn.*)
l. 194	**Alignés** sur leurs bancs.
l. 195	. . . leurs petits visages **passionnés** . . .
l. 196	. . . [ils] **s'immobilisaient** dans l'extase.

Compréhension

I. Les villageois (ll. 12–55)

1. Quelles qualités des villageois sont immédiatement révélées (ll. 12-16)?
2. Quelle impression donne le portrait du maire? Relevez les mots importants qui «résument» le personnage.
3. Quelle(s) caractéristique(s) est-ce que ces notables ont en commun? Relevez en particulier tous les mots qui se rapportent à leur âge.
4. Quelle est l'impression dominante créée par la description de l'ensemble des notables?
5. Est-ce que «le petit buraliste» est différent des autres notables? Pourquoi?
6. Qu'est-ce qui est révélé par la façon dont les villageois et les villageoises sont assemblés sur la place?
7. Est-ce que les hommes (ll. 51–54) sont très différents des notables?

II. La place du village (ll. 56–75)

1. Qu'est-ce que les villageois regardaient? Pourquoi?
2. Quelle impression donne la description de l'arbre (ll. 56–57)?
3. Où est-ce que les enfants ont été placés? Est- ce que les garçons et les filles étaient ensemble?
4. Quelles sont les caractéristiques de ce théâtre?
5. Qu'est-ce que la peinture sur le rideau représente? Qu'est-ce qu'elle nous révèle sur le genre de spectacle qui va suivre?
6. Après avoir décrit les villageois devant le petit théâtre, l'auteur complète sa description en ajoutant l'église (derrière le théâtre) et «le grand ciel de la lune d'avril, tout électrisé» ll. 74–75 (au- dessus de l'église). Pourquoi est-ce que l'auteur ajoute ces références à l'église et au ciel?

III. La représentation: premier «acte» (ll. 76–117)

1. Qu'est-ce qui annonce que le spectacle va commencer?
2. Le narrateur dit qu'il est «touché au fond du cœur» (l. 81). Pourquoi?

3. Est-ce qu'il s'agit d'un théâtre avec de vrais acteurs ou d'un théâtre de marionnettes?

4. Qu'est-ce qui est important dans le portrait du jardinier et de sa famille (ll. 85–93)?

5. Qu'est-ce que l'épisode du mendiant révèle (ll. 94–102)?

6. Quelles sont les caractéristiques du Bon Dieu (ll. 103–109)?

7. Quelles sont les réactions des spectateurs? Quel stéréotype est renforcé dans la description des filles (l. 106)?

8. Qu'est-ce que la sorcière fait?

9. Est-ce que l'épisode de la pêche (ll. 103–117) évoque pour vous une autre histoire?

IV. La représentation: second «acte» (ll. 118–168)

1. Comment est-ce que l'enfant change? Qu'est-ce qu'il oublie?

2. Pourquoi est-ce qu'on précise que le jardinier pleure en cachette et non pas ouvertement?

3. Comment est-ce que l'orgueilleux jardinier a été transformé physiquement et moralement?

4. On dit que les parents «espèrent toujours» (ligne 133). Pourquoi est-ce que ce détail est important?

5. Pourquoi dit-on que le «jardinier s'est souvenu» (l. 140)?

6. Quel parallèle y a-t-il entre ce que saint Théotime fait avec la pêche et ce que la sorcière avait fait (ll. 114–115)?

7. Quelle est la réaction de l'enfant quand il entre dans la maison?

8. Comment est-ce qu'il reconnaît ses parents?

9. Pourquoi est-il important que le Bon Dieu réapparaisse à la fin?

V. Commentaire du narrateur (l. 169 jusqu'à la fin)

1. Qu'est-ce que «En ce temps-là» (l. 169) suggère?

2. Qu'est-ce qui caractérise le plaisir des spectateurs?

3. Comment est-ce que le narrateur définit la sagesse?

4. Selon l'auteur, qu'est-ce que le «vrai savoir» (l. 176)?

5. Quelle est, selon l'auteur, la valeur fondamentale du conte?

6. Comment est-ce que les différents spectateurs réagissent?

7. On dit que les enfants «s'immobilisaient dans l'extase» (l. 196). Comment comprenez-vous le mot «extase»? Retrouvez dans la description des spectateurs d'autres mots et expressions qui expriment une réaction comparable.

Interprétation

Relisez le texte en entier, puis répondez aux questions qui suivent.

1. A votre avis, pourquoi est-ce que l'auteur commence son récit par une description aussi détaillée des villageois au lieu de nous expliquer la raison du rassemblement? Quelle est la fonction de cette description?

2. Avant la représentation, l'auteur nous explique avec précision comment les villageois sont disposés sur la place, selon la hiérarchie et la coutume ancestrale. Quelle est l'impression dominante? De quelle manière est-ce que le conte du jardinier renforce cette impression?

3. La fable qui est présentée aux villageois est un récit hautement symbolique, une sorte de parabole. Comment peut-on l'interpréter?

4. Il y a dans cette fable des allusions bibliques ou religieuses (*cf.* le jardin du bonheur = l'Eden) et des références à des personnages de contes populaires comme la sorcière. A votre avis, pourquoi?

5. Dès le début du récit, quels détails indiquent que le point de vue du narrateur n'est pas vraiment celui d'un enfant? Qui fait le commentaire final (partie V)?

6. Ce texte fait allusion à un type de société dont l'auteur semble regretter la disparition. De quel type de société est-ce qu'il s'agit?

7. D'après le texte, comment pouvez-vous résumer la vision de cet «Age d'or» du monde selon l'auteur?

8. Pourquoi est-ce que l'auteur regrette en particulier la perte de la «simplicité d'esprit»? Pourquoi cette simplicité est-elle une qualité tellement enviable?

9. Est-ce que les qualités morales illustrées dans ce récit vous paraissent désirables? Est-ce que la société américaine a la même nostalgie de la vie simple des campagnes? Quel est votre point de vue personnel?

Style et langue

Dans ce texte, la description précise des événements qui ont lieu sur la scène du petit théâtre ressemble beaucoup à une narration orale. L'auteur nous «raconte» véritablement la parabole du jardinier.

Dans les parties III et IV:

1. Relevez les détails qui nous rappellent qu'il s'agit de la description d'une représentation (exemple: «le rideau se leva», l. 85). Est-ce que ces détails sont nombreux?

2. Relevez des mots et expressions qui se rapportent clairement à un conte dit à haute voix (exemple: «Or, voilà qu'un beau jour ...», l. 94).

3. Notez aussi les exclamations (exemple: «Ah! quel beau fruit!», l. 114) et l'accumulation de phrases très courtes dans certains passages (en particulier ll. 160–165). Quelle est leur fonction?

Activités

1. Racontez à votre manière la petite pièce qui a été présentée aux villageois.
2. Imaginez une fable ou une parabole qui ressemble à celle que vous venez de lire. Vous pouvez incorporer dans votre récit des idées trouvées dans des contes ou des légendes que vous connaissez ou que vous avez lus dans ce livre. Vous êtes libre de choisir le contexte (actuel ou passé).

Intertextualité

Thèmes:	Le village	Colette, «La Petite Bouilloux» (20)
		Diop, «Le Prix du chameau» (7)
	Le passé mythique	Dadié, «La Légende Baoulé» (4)
Traitement:	La fable	Diop, «Le Prix du chameau» (7)

4

Discours affectifs

13
Mon Pays
Gilles Vigneault

OBJECTIF

Vous allez étudier un poème qui est aussi une chanson.

AVANT LA LECTURE

Ouverture

Parlez du Canada avec d'autres étudiants. Que savez-vous de son climat, de son histoire, de ses langues, de ses groupes ethniques, etc.? Aidez-vous des remarques suivantes sur l'hiver au Canada:

la neige peut être poudreuse: comme de la poudre
   le poète dit: **la poudrerie** (licence poétique)

le froid
   le poète dit: **la froidure** (licence poétique)

le vent peut souffler en **rafales** (*gusts*)

Note contextuelle

La notion de fidélité

Jusqu'en 1763, la province du Québec, où Gilles Vigneault est né, appartenait à la France.

Les descendants des **colons** français, qui habitent en majorité cette province, n'ont pas oublié leur passé français. Ils parlent encore la langue et **sont restés fidèles à leur héritage culturel** (sur la plaque des voitures immatriculées au Québec on peut lire la devise: «Je me souviens»).

Stratégies de lecture

1. Le poème que vous allez lire a été mis en musique. Ecoutez si possible **la chanson** avant de lire le poème. Après avoir lu et analysé le poème, réécoutez

la chanson. Discutez l'interprétation du chanteur ou de la chanteuse (rythme, mélodie, etc.).

2. Lisez le poème à haute voix.

LECTURE

Gilles Vigneault, *Mon Pays*

Mon pays ce n'est pas un pays c'est l'hiver
Mon jardin ce n'est pas un jardin c'est
        la plaine
Mon chemin ce n'est pas un chemin c'est
5   la neige
Mon pays ce n'est pas un pays c'est l'hiver

Dans la blanche cérémonie
Où la neige au vent se marie
Dans ce pays de poudrerie
10 Mon père a fait bâtir maison
Et je m'en vais être fidèle
A sa manière à son modèle
La chambre d'amis sera telle
Qu'on viendra des autres saisons
15 Pour se bâtir à côté d'elle

Mon pays ce n'est pas un pays c'est l'hiver
Mon refrain ce n'est pas un refrain c'est
        rafale
Ma maison ce n'est pas ma maison c'est
20   froidure
Mon pays ce n'est pas un pays c'est l'hiver

APRES LA LECTURE

Appréciation

A. Discutez ensemble ce que vous avez remarqué d'inhabituel dans ce poème par rapport à un texte en prose. Aidez-vous du vocabulaire de la prosodie:

Le poème est divisé en **strophes (une strophe).**
Chaque strophe est composée de **vers (un vers).**
Les vers peuvent **rimer** ou pas (**une rime**).

Un ou plusieurs vers répété(s) régulièrement constitue(nt) **un refrain.**
Si un vers continue à la ligne suivante il y a **un enjambement** (ou **un rejet**).

B. Répondez maintenant aux questions qui suivent pour compléter vos observations sur ce poème:

1. Un même vers est souvent répété, comme le refrain d'une chanson. Lequel? Combien de fois?

2. Comment est-ce que ce poème est organisé? Quelles en sont les différentes parties? Est-ce qu'elles se ressemblent?

3. Comment est-ce que chaque vers commence dans la première et dans la dernière parties?

4. Quelle impression est-ce que cela vous donne?

5. Comment est-ce que la construction de la phrase change au vers 7?

6. Regardez la fin de tous les vers du poème. Faites une liste des derniers mots: Est-ce que les sons sont très variés? Est-ce qu'ils riment? régulièrement? irrégulièrement?

7. Quelle impression produit l'absence de ponctuation?

8. La forme du poème est-elle complexe ou simple? Est-elle destinée à donner une impression de grande variété ou de monotonie?

9. Qu'est-ce qu'il y a de particulier dans la manière dont le poète décrit son pays dans la première et la dernière strophes?

10. Il est clair que Vigneault aime son pays. Pour quelles raisons? Est-ce que l'hiver, la neige, etc., ont ici des connotations positives ou négatives?

11. Est-ce que, normalement, on peut «venir» d'une **saison** vers une autre (vers 14)? Qu'est-ce que cette image évoque pour vous?

Activités

1. Quels sentiments avez-vous pour votre pays? Imitez ce poème pour les exprimer.

2. Vous apprenez que vous devez aller vivre dans un pays extrêmement froid (ou extrêmement chaud). Imaginez votre réaction.

3. Quelle influence ont les saisons sur vous? Est-ce qu'il y a une saison que vous attendez chaque année avec impatience? Exprimez vos sentiments.

Intertextualité

Thème: La nature   Bille, «Vendanges» (11)

14
Un Printemps froid
Danièle Sallenave

OBJECTIF

Vous allez voir comment des émotions peuvent être exprimées dans le style familier d'une lettre.

AVANT LA LECTURE

Ouverture

Formez des groupes. Imaginez que vous avez reçu une lettre d'une personne que vous aimez (ou que vous n'aimez pas). Racontez aux autres étudiants du groupe ce qui est dit dans cette lettre. Exprimez les sentiments que vous éprouvez par rapport à cette lettre.

Notes contextuelles

La Mayenne est une rivière qui a donné son nom à un département de l'Ouest de la France, dont Laval est la ville principale. Pour des raisons administratives, la France est divisée en 95 départements.

Le parloir. Dans les couvents, les internats (*boarding schools*) et les prisons, etc., le parloir est la salle où les visiteurs sont reçus et peuvent parler à ceux qu'ils viennent voir. Dans certaines écoles religieuses, il y avait un «petit parloir» pour les occasions ordinaires et un «grand parloir» pour les grandes occasions.

Les peupliers. Le peuplier est un arbre que l'on voit souvent dans la campagne française en particulier le long des chemins, des rivières et des canaux. Planter des peupliers était un investissement (c'est un bois utilisé pour faire des meubles et du papier).

Stratégie de lecture

A. Lisez d'abord le début de la lettre:

> Mon cher petit,
>
> °Cela ne fait rien, je comprends bien. Vois-tu, je ne m'y attendais pas trop: c'est comme à Noël dernier, vous avez si peu de vacances! Et je suis bien ici, très bien même.

= Ce n'est pas important

B. Lisez ensuite la formule de salutation finale:

> Je vous embrasse tous les trois.

1. Qui pourrait être «Mon cher petit» / «tu»?
2. Qui pourrait être «je»?
3. Qui pourrait être «vous»?
4. Selon vous, pourquoi est-ce que «je» parle de «Noël dernier»?
5. Selon vous, où est «ici»?

C. Maintenant lisez rapidement la lettre pour en comprendre le sens général.

LECTURE

Danièle Sallenave, *Un Printemps froid*

Mon cher petit,
   Cela ne fait rien, je comprends bien. Vois-tu, je ne m'y attendais pas trop: c'est comme à Noël dernier, vous avez si peu de vacances! Et je suis bien ici, très bien même. Sais-tu que, pour mon anniver-
5 saire, les sœurs (je dis les sœurs mais ce ne sont pas des religieuses, même pas des [1]infirmières non plus, ce sont «les jeunes filles» comme on les appelle ici, deux d'entre elles sont mariées et la petite est fiancée, je l'ai rencontrée l'autre jour avec le jeune homme, il est venu me dire bonjour très °poliment), donc les petites ont fait un
10 grand gâteau. Sans les °bougies, heureusement, car à mon âge, il y en aurait, hélas! trop. Et au dessert, le champagne, enfin, du °mousseux, mais deux ou trois étaient légèrement °pompettes. Enfin, c'est encore un bon moment de passé.
   Il y a plusieurs choses qu'il faudrait que je te demande, ça n'a
15 d'ailleurs pas beaucoup d'importance, ce sont des questions relatives à la maison de Saint-Julien. Je ne sais plus bien s'il y avait des °poiriers, au fond du jardin. Oui, n'est-ce pas? Ou bien est-ce que

cf. poli(e)
chandelles (*cogn.*)

vin imitant le champagne
fam. ivres

cf. la poire

[1] nurses.

ton père les avait fait arracher après la °guerre? Mais je ne vais pas   = Seconde Guerre
t'ennuyer maintenant avec ça, j'ai tout noté sur un papier. Depuis fin   mondiale
20 juin (ce n'est pas un reproche) la liste commence à être longue. Dis
aussi à Madeleine de m'envoyer les mesures *exactes* de Jean-Fran-
çois: sans quoi je ne peux pas terminer son °pull. Remarque, °je ne   = pullover / je n'y
m'y tiens guère, j'ai pris l'habitude de regarder la télévision l'après-   travaille pas régu-
midi, il n'y a personne (elles dorment!) au petit parloir. Le parloir!   lièrement
25 Tu te souviens, quand tu nous attendais au parloir, et si nous avions
un peu de retard, comme tu étais nerveux. Dans la voiture, je disais
à ton père: °doucement, ne va pas si vite, et lui: mais tu sais bien   lentement
qu'il va °s'énerver. Ah oui, pour être nerveux, tu étais nerveux.   *cf.* nerveux

     Ta dernière lettre a mis *neuf jours* à me parvenir: il faut dire qu'elle
30 était d'abord allée à Nyons, on se demande pourquoi! J'ai beaucoup
lu ces temps derniers, malgré mes pauvres yeux, et pourtant la bi-
bliothèque laisse bien à désirer, aussi ton °envoi a-t-il été le bienvenu.   *cf.* envoyer
J'ai surtout aimé les nouvelles, et le roman de Thomas Hardy, du fait
qu'il se passe à la campagne, c'est tout à fait les sentiments
35 d'autrefois. Je le passerai à Mme Christian; les autres, n'en parlons
pas.

     Sais-tu qui m'a écrit? Mme Larue! Je n'en croyais pas mes yeux.
Elle ne va pas fort, la pauvre, enfin elle est toujours chez elle. Pour
combien de temps encore? m'écrit-elle. Ses deux fils sont aux Etats-
40 Unis; tu vois que je ne suis pas seule à être seule, si j'[2]ose dire. Je suis
beaucoup mieux depuis que j'ai une chambre pour moi, °à l'étage.   en haut
J'ai mis la table devant la fenêtre, j'ai repoussé le lit de l'autre côté (il
est vrai que tu n'as jamais vu la chambre, mais cela ne fait rien, je
t'explique) ce qui fait que, quand je suis dans mon fauteuil, j'ai °vue   la vue de
45 sur la Mayenne—quoiqu'en ce moment, la nature ne soit pas bien
gaie. Il paraît qu'au printemps on va °raccorder la route à celle de   rattacher
Laval: °bien des tracas en perspective, et pourvu qu'on ne coupe pas   beaucoup de
ma belle °rangée de peupliers! Quand tu étais petit et que nous   problèmes
                                                                 cf. le rang
t'emmenions à la pêche, je te faisais toujours dormir à l'ombre des
50 peupliers, c'est une ombre qui n'est pas dangereuse.

     Si la fille de Mme Christian vient la semaine prochaine, je lui dirai
de m'acheter du carton, et °une vitre pour °encadrer °la jolie gravure   = du verre / *cf.* le
de Madeleine, je n'ai pas le courage de prendre °le car pour aller à   cadre / = le joli
Laval. Remercie Madeleine pour moi, et dis-lui que j'ai coupé le titre: dessin / l'autobus
55 *La maison aveugle*, c'est trop triste pour une vieille femme comme
moi. Allez je vous quitte. Soyez bien prudents sur la route, et je ne
veux pas que vous me rapportiez un cadeau, comme à chaque fois.
Sur mon [3]étagère, c'est une véritable exposition, j'en ai presque

---

[2] dare.   [3] shelf.

honte. «Vos enfants voyagent beaucoup» m'a dit la doctoresse. Des
60 bonbons, °à la rigueur, des «Quality Street», la boîte est bien pratique pour ma °couture.

si vous insistez

cf. coudre

Je vous embrasse tous les trois.

APRES LA LECTURE

Compréhension

Pour vérifier votre compréhension du sens général, répondez aux questions suivantes:

1. Qui est «Mon cher petit» / «tu»?
2. Qui est «je»? Quel est son âge approximatif?
3. Qui est «vous»? Connaît-on leur nom?
4. Pourquoi est-ce que «je» parle de «Noël dernier»? En quel mois a-t-elle reçu la
   dernière visite des personnes à qui elle écrit? A votre avis, est-ce que ces personnes ont vraiment «peu de vacances»?
5. Où est «ici»? Est-ce que «je» aime cet endroit? Est-ce qu'elle sort souvent? Qu'est-ce qu'elle pense des autres personnes qui se trouvent à cet
   endroit?
6. Quelle est l'émotion principale exprimée par l'auteur de cette lettre?

Interprétation

Relisez la lettre en faisant attention à l'expression des sentiments.

A. Répondez aux questions suivantes:

Lignes 1 à 13:

1. Pourquoi est-ce que «je» parle des «jeunes filles»?
2. Qu'est-ce qu'elle apprécie chez elles?
3. Qu'est-ce qu'elle reproche indirectement à son fils?

Lignes 14 à 28:

1. Quelle est l'importance des souvenirs associés à la maison de Saint-Julien?
2. Qu'est-ce que nous apprenons sur la jeunesse du fils? Qu'est-ce qui
   provoque ce souvenir?

Lignes 29 à 36:

1. Comment est-ce que la mère passe son temps?
2. Qu'est-ce que ses lectures révèlent?

Lignes 37 à 50:

1. Quelle comparaison est-ce que la mère fait entre sa situation et celle de Mme Larue? Pourquoi est-ce qu'elle ajoute «si j'ose dire» (l. 40)?
2. Pourquoi est-ce que la mère décrit sa chambre?
3. Avec quel souvenir est-ce que ce paragraphe se termine?

Ligne 51 jusqu'à la fin:

1. A votre avis, est-ce que la gravure envoyée par Madeleine a vraiment fait plaisir à la mère? Justifiez votre réponse.
2. Pourquoi est-ce que la mère utilise «vous» à partir de la ligne 56 jusqu'à la fin?
3. Comment est-ce que ce dernier paragraphe renforce les sentiments exprimés dans les paragraphes précédents?

B. A votre avis, quels sentiments est-ce que cette lettre provoquera chez «tous les trois»? Est-ce qu'ils vont réagir au reproche principal qui leur est adressé? Quels sentiments est-ce que cette lettre provoque chez vous?

Style et langue

Le style d'une lettre entre parents ou amis ressemble souvent à celui de la langue parlée. Quelles sont les caractéristiques principales de ce style?

1. Regardez la ponctuation: les points d'exclamation, les points d'interrogation, les parenthèses, etc. Qu'est-ce que cela indique?
2. Regardez les mots et expressions en italiques. Quelle est la différence dans l'emploi des italiques pour *exactes* (l. 21), *neuf jours* (l. 29) et *La maison aveugle* (l. 55)?
3. L'auteur de la lettre utilise les expressions «vois-tu» (l. 2), «Sais-tu» (l. 4 et l.37) ou des formes impératives comme «Remarque» (l. 22). Quel effet est ainsi créé?
4. L'auteur de la lettre utilise deux façons de rapporter une conversation: ll. 26–28 «Dans . . . s'énerver» et l. 59 («Vos . . . doctoresse»). Quelle différence y a-t-il entre les deux?
5. Dans la langue parlée, les mots suivent l'évolution spontanée de la pensée et ne sont pas organisés en phrases grammaticales bien définies. La langue de cette lettre est semblable. Regardez par exemple les lignes 4–10 («Sais-tu . . . un grand gâteau») et récrivez-les dans un style plus «écrit». Cherchez d'autres exemples de ce style «parlé» que vous récrirez de la même manière.

Activités

1. Ecrivez à un(e) ami(e) ou un(e) parent(e) une lettre dans laquelle vous lui parlez de vos émotions en lui faisant indirectement un reproche.

2. Imaginez que vous avez le même âge que la personne qui a écrit la lettre. Comment est-ce que vous vous voyez?

Intertextualité

Thème: Les relations humaines   Bille, «Vendanges» (11)
exprimées à travers les   Colette, «La Petite Bouilloux» (20)
subtililés du langage.

15
Le Fou

Marcel Jouhandeau

OBJECTIF

Vous allez voir comment, dans ce contexte culturel, s'expriment des sentiments complexes.

AVANT LA LECTURE

Ouverture

Mettez-vous en groupes et racontez à tour de rôle un incident qui a été pour vous cause d'une grande peur.

Stratégie de langue

Apprenez à reconnaître des expressions se rapportant à la religion:

vouer un culte à	= adorer: «je lui avais [. . .] voué un culte» (l. 8) = je l'avais adorée
prier	prier Dieu, la Sainte Vierge = faire une prière à Dieu, à la Sainte Vierge (Marie)
le diable	= le Démon = Satan = Lucifer = le Malin (celui qui fait le mal)
le mal	(contraire: le bien)
le sacristain	= la personne qui s'occupe de l'église (il nettoie, il fait de petites réparations, etc.)
le chapelet	= le rosaire
l'aube	= le vêtement blanc porté par les célébrants à la messe
le curé	= le prêtre
le troupeau	les moutons et les vaches vivent en troupeau (de façon imagée, on peut parler du troupeau des fidèles de l'Eglise)
le clocher	= la tour de l'église où sont les cloches

Stratégie de lecture

En lisant ce texte pour la première fois, cherchez les réponses à ces questions générales:

1. Comment s'appelle le Fou?
2. Quels sont les sentiments du Fou pour Sœur Almée? Qu'est-ce que le Fou crie au milieu de la nuit?
3. Quels sont les sentiments de la narratrice pour Sœur Almée? Pourquoi?
4. Pourquoi est-ce que Sœur Almée s'approche du lit de la narratrice, dans le dortoir?
5. Est-ce que Biguet avait le droit d'entrer dans la chapelle?
6. Quelle est la réaction de Sœur Almée? Quelle est la réaction de la narratrice?
7. Comment les sentiments de Sœur Almée pour la narratrice sont-ils modifiés par cet événement?

LECTURE

Marcel Jouhandeau, *Le Fou*

[Dans ce récit, la narratrice est une toute jeune fille en pension dans une école catholique, un couvent.]

Une nuit, j'entendis crier devant la porte: c'étaient des appels d'abord °confus et puis distinctement [1]retentit le nom de Sœur Almée. — pas clairs

Je reconnus alors la voix de Biguet, le Fou que nous rencontrions
5 souvent le long des chemins, au cours des promenades et qui regardait Sœur Almée avec des yeux d'°extase. — cogn.

Sœur Almée avait peut-être vingt-cinq ans et elle était très belle, si belle que je lui avais dès le premier jour voué un culte °de parti pris — irraisonné
comme à la Beauté même. Je lui obéissais par amour à elle seule et
10 si elle °n'eût été là, je ne serais pas restée une heure dans cette mai- — n'avait pas été là
son °effrayante, mais sa présence me rassurait, me plaisait, — qui fait peur
°m'enchaînait. Sur un geste d'elle je me serais jetée dans le feu ou — cf. la chaîne
dans l'eau à sa fantaisie et je ne sais pas de quel héroïsme je n'aurais
pas été capable pour qu'elle me °remarquât parmi son troupeau. — remarque (*subj.*)
15 Cette nuit-là, comme elle gardait le [2]dortoir, elle vint près de mon lit, parce qu'elle me voyait éveillée et elle me demanda, peut-être pour que je °n'entendisse pas ce que disait Biguet, de réciter le — n'entende (*subj.*)
chapelet a haute voix avec elle: «Le diable °s'est emparé de [3]l'âme de — a pris
Biguet, mon enfant. Prions la Sainte Vierge pour qu'elle nous °délivre — cogn.

[1] echoed.   [2] dormitory.   [3] soul.

20 du mal.» Et c'est à ce moment précis que, sans aucun doute,
j'entendis Biguet proclamer:

— Sœur Almée, je vous aime. Sœur Almée, vous êtes mon amour.

Le lendemain, comme nous arrivions à la chapelle avant le jour
(Sœur Almée marchait près de nous, me donnant la main), je vis, la
25 première, Biguet °franchir la balustrade de la chapelle interdite pour   passer par-dessus
°s'élancer vers nous. Affolée, Sœur Almée se rejeta en arrière et parce   courir
que j'eus la présence d'esprit de saisir un banc que je °précipitai à la   jetai contre
rencontre des jambes de Biguet et qui le ⁴renversa, elle eut le temps
de regagner la porte et de s'enfuir et le Sacristain et M. le Curé
30 °celui d'accourir et d'envelopper dans une °chape et de ⁵ligoter avec   = le temps / cape
les cordons de l'aube le Fou qu'ils emmenèrent, sans pouvoir
l'empêcher de °vociférer: «Sœur Almée, il n'y a que toi au monde   crier
pour moi. Tu es ma fiancée, Dieu le veut, monsieur le Curé. Il faut
nous marier ce matin.» Cependant Biguet °disparut dans l'escalier   *inf.* disparaître
35 du clocher où on l'enferma et jamais plus je n'ai entendu parler de
lui ni ne l'ai revu. Mais Sœur Almée, parce que j'avais eu l'inspiration
de jeter ce banc qui l'avait sauvée de l'approche de Biguet, me °voua   *cf.* voué. l. 8
une amitié maternelle.

APRES LA LECTURE

Vérification

Mots de la même famille

Vous pouvez maintenant vérifier le sens de plusieurs mots qui apparaissent dans le texte.

Pensez au titre: «Le Fou». **Un fou, une folle**, sont des personnes qui ont perdu la raison. Dans le texte on dit aussi que Sœur Almée, la religieuse, est **affolée** (l. 26), c'est-à-dire très effrayée, comme rendue folle par la peur. Vous voyez ainsi le rapport entre ces mots:

il est **fou**; elle est **folle**
c'est **un fou**; c'est **une folle**
affoler quelqu'un; être **affolé(e)**

Voyons maintenant d'autres exemples de rapports semblables:

enchaîner (l. 12)	et	**une chaîne**
aimer (l. 22)	et	**l'amour** (mon amour!)
envelopper (l. 30)	et	**une enveloppe**
appeler	et	**un appel** (l. 1)

⁴knocked him down.   ⁵tie up.

Il y a aussi, dans le texte, des verbes dont le sens est très proche du sens de verbes qui leur ressemblent et que vous connaissez sans doute. Regardez ces verbes (ll. 22–38):

s'élancer (l. 26)	et	**lancer**	La NASA **lance** des satellites, mais l'oiseau **s'élance** dans le ciel.
renverser (l. 28)	et	**verser**	On **verse** du vin dans un verre, mais une auto **renverse** une personne.
s'enfuir (l. 29)	et	**fuir**	(= s'échapper) Le prisonnier a **fui**: il s'est **enfui**; il s'est échappé de la prison.
accourir (l. 30)	et	**courir**	**accourir** = venir en courant
enfermer (l. 35)	et	**fermer**	On **ferme** une porte, mais on **enferme** une personne, dans une prison, par exemple.
revoir (l. 36)	et	**voir**	j'ai **vu** ce film la semaine dernière et je l'ai **revu** hier soir.

Comprehénsion

Lignes 1 à 14:

1. Comment est-ce que la narratrice sait que le Fou adore Sœur Almée?
2. Est-ce que la narratrice aime vivre au couvent? Quelle phrase l'indique?
3. Pourquoi alors est-ce qu'elle reste au couvent?
4. Relevez les mots et expressions qui nous aident à comprendre l'attitude de la narratrice envers Sœur Almée.
5. Comparez l' attitude de la narratrice et celle du Fou envers Sœur Almée.

Lignes 15 à 22:

1. Pourquoi, à votre avis, est-ce que Sœur Almée veut empêcher la narratrice d'entendre ce que dit le Fou?
2. Pourquoi est-ce que Sœur Almée demande à la narratrice de réciter le chapelet?

Lignes 23 à 38:

1. A quel moment de la journée se passe la scène?
2. Qu'est-ce que la narratrice fait pour protéger Sœur Almée?
3. Qu'est-ce que le curé et le sacristain font?
4. Qu'est-ce que le curé et le sacristain ne peuvent pas empêcher?
5. Quelle différence observez-vous entre le premier cri d'amour de Biguet (l.22) et sa dernière déclaration (ll. 32–34)?
6. Qu'est-ce qui arrive au Fou?

Interprétation

Relisez le texte dans son ensemble et répondez aux questions suivantes:

1. On dit que le Fou regarde Sœur Almée «avec des yeux d'extase». La narratrice dit qu'elle est véritablement enchaînée par la présence de la religieuse. Qu'est-ce que vous pensez de cette double fascination?

2. Dans quelle mesure est-ce que le nom de «fou» est justifié pour Biguet?

3. Trouvez-vous que le Fou est puni trop sévèrement? Quels sentiments éprouvez-vous envers lui à la fin?

4. Quelle est votre attitude envers la narratrice à la fin du texte?

5. Le nom «Almée» évoque à la fois «aimer» et «âme». A votre avis, pourquoi l'auteur a-t-il choisi ce nom?

6. A votre avis, est-ce que ce texte est irrespectueux envers la religion? Justifiez votre réponse.

Activité

Comme la narratrice, racontez un court épisode de votre enfance ou de votre adolescence qui vous a particulièrement impressionné(e).

Intertextualité

Thème: L'amour (fou)   Bille, «Vendanges» (11)
                                                              Colette, «La Petite Bouilloux» (20)
                                                              Eluard, *Les Yeux fertiles* (16)

16
Les Yeux fertiles
Paul Eluard

OBJECTIF

Dans ce poème, vous allez analyser la manière dont le thème, la structure, la langue et les images dépendent étroitement les uns des autres.

AVANT LA LECTURE

Ouverture

Est-ce que vous faites très attention aux yeux et au regard chez les autres? Qu'est-ce que les yeux et le regard révèlent?

Stratégies de lecture

Dans un poème, l'ordre des mots peut être différent de l'ordre des mots dans un texte en prose. Regardez la construction des strophes 2 et 3. (Pour le vocabulaire de la prosodie, voir «Mon Pays» [texte 13], **Appréciation: A**).

A. D'abord, lisez seulement les mots en caractères gras:

> **Tes yeux** dans lesquels nous dormons
> Tous les deux
> **Ont fait** à mes lumières d'homme
> °**Un sort meilleur** qu'aux nuits du monde   Une destinée
>
> **Tes yeux** dans lesquels je voyage
> **Ont donné** aux gestes des routes
> **Un sens détaché de la terre**

1. Qu'est-ce que «Tes yeux» . . . «Ont fait»?
2. Qu'est-ce que «Tes yeux» . . . «Ont donné»?

B. Lisez maintenant les deux strophes en entier.

    1. A quoi est-ce que «Tes yeux» . . . «Ont fait . . . Un sort meilleur»?

    2. A quoi est-ce que «Tes yeux» . . . «Ont donné . . . Un sens détaché de la terre»?

C. Lisez le poème en entier.

LECTURE

Paul Eluard, *Les Yeux fertiles*

On ne peut me connaître
Mieux que tu me connais

Tes yeux dans lesquels nous dormons
Tous les deux
5 Ont fait à mes lumières d'homme
Un sort meilleur qu'aux nuits du monde

Tes yeux dans lesquels je voyage
Ont donné, aux gestes des routes
Un sens détaché de la terre

10 Dans tes yeux ceux qui nous révèlent
Notre solitude infinie
Ne sont plus ce qu'ils croyaient être

On ne peut te connaître
Mieux que je te connais.

APRES LA LECTURE

Appréciation

A. Après la première lecture:

    1. Qui est le «je»? Est-ce un homme ou une femme?

    2. Peut-on identifier le «tu»?

    3. Dans la quatrième strophe, qui (ou quoi) est-ce que «ceux» désigne, à votre avis?

    4. Quel est le sentiment qui lie les deux personnes dans le poème?

B. Deuxième lecture:

1. Qu'est-ce qui vous frappe dans les strophes 1 et 5? A votre avis, pourquoi sont-elles construites ainsi?
2. Un même verbe est répété quatre fois. Lequel? A quels vers?
3. Regardez les strophes 2 et 3. Qu'est-ce qui vous frappe dans leur construction? Ont-elles un élément commun avec les strophes 1 et 5?
4. Regardez la strophe 2. Quel(s) mot(s) est-ce que «nous dormons» annonce?
5. Regardez la strophe 3. Quel(s) mot(s) est-ce que «je voyage» annonce?

C. Troisième lecture:

1. Dans les strophes 2, 3 et 4, les yeux de la personne aimée apportent chaque fois quelque chose au poète. Quoi?
2. Est-ce que le poète emploie le verbe «aimer»? Quel verbe le remplace?
3. «nous dormons» et «je voyage» occupent une position symétrique dans les strophes 2 et 3. A votre avis, pourquoi est-ce que le poète dit «nous» d'abord et «je» ensuite? A quelle idée chacun des pronoms est-il associé?
4. La personne aimée est réduite aux yeux et au regard. Qu'en pensez-vous?
5. A votre avis, de quelle conception de l'amour s'agit-il? Voyez-vous un rapport entre la structure symétrique du poème et cette conception de l'amour?
6. Qu'est-ce que vous pensez de cette conception de l'amour?
7. Maintenant que vous avez lu le texte plusieurs fois, est-ce que vous pouvez expliquer le titre? Pourquoi les yeux sont-ils «fertiles»?

Style et langue

1. Dans ce poème, il y a plusieurs **images** inattendues comme:

   «Tes yeux dans lesquels nous dormons» (vers 3)
   «mes lumières d'homme» (vers 5)

   Pouvez-vous en trouver d'autres?
   Comment comprenez-vous ces images?
   Faut-il nécesairement trouver une interprétation logique?

2. Ce poème est sans **ponctuation** (sauf le point final). Quand on le lit, on peut s'arrêter à la fin de chaque vers. Il y a cependant une exception, un enjambement. A quel vers? A votre avis, pourquoi?

3. Contrairement à la poésie classique, ce poème n'a pas de **rimes**; les **strophes** sont de longueur inégale. Cependant, il a 14 vers, comme **un sonnet** (*cf.* «Le Dormeur du val» de Rimbaud, texte 9). Trouvez d'autres éléments qui lui donnent une organisation interne (répétitions de mots, de verbes, de sons, parallélisme des constructions, etc.).

4. A votre avis, parmi les qualités suivantes, quelles sont celles de ce poème: la musicalité, la précision, l'imprécision, la simplicité, la complexité, la richesse

de ses images, la nouveauté des images? Pouvez-vous lui trouver d'autres qualités?

Maintenant que vous pouvez mieux apprécier ce poème, relisez-le à haute voix.

Activités

1. Décrivez le visage d'une personne que vous aimez.
2. Ecrivez un texte d'amour (poème, lettre, récit, etc.).

Intertextualité

Thème: L'amour et le regard   Bille, «Vendanges» (11)

Discours autour d'un thème: Nous et les autres

ROMAN

17
Plein Soleil
Marie Susini

OBJECTIF

Vous allez vous entraîner à comprendre le vocabulaire d'un récit à partir d'éléments contextuels. Vous allez aussi rechercher le message implicite, en particulier socio-culturel.

AVANT LA LECTURE

Ouverture

Une famille qui vient d'ailleurs (d'une autre région ou d'un autre pays) s'installe dans votre rue. Elle n'a pas nécessairement les mêmes habitudes que vous. Parlez de vos réactions et/ou de celles des gens du quartier.

Maintenant, essayez de répondre à la question: qu'est-ce qu'un étranger? Vous allez retrouver cette question dans le texte (l. 117).

Notes contextuelles

La Corse

Cette île de la Méditerranée, près de l'Italie, appartient à la France depuis 1768. C'est là que Napoléon est né deux ans plus tard. Aujourd'hui c'est un département français. La langue locale, le corse (*cf.* les mots *zia*, l. 2, *bruccio*, l. 15, *fresco*, l. 72, *fino*, l. 76), a plus d'affinités avec l'italien que le français. Il existe en Corse un mouvement nationaliste qui voudrait obtenir l'indépendance de l'île.

Le garde champêtre

C'est l'employé municipal qui a des fonctions de surveillance dans les villages. Il porte un uniforme et un képi.

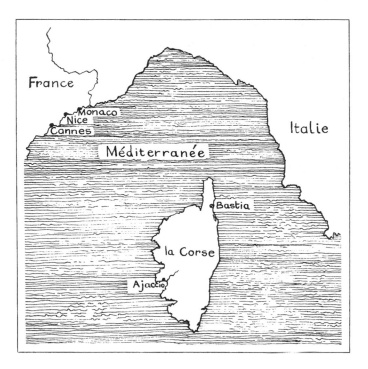

La crèche

Dans beaucoup d'églises, au moment de Noël, on reconstitue la scène de la nais-sance de Jésus avec des personnages placés dans une crèche. Parmi les personnages, il y a les Rois mages, Gaspar, Melchior et Balthazar, le roi noir.

Stratégie de langue

Chaque fois que vous rencontrerez un mot en caractères gras essayez de deviner le sens du mot par le contexte ou l'étymologie (en pensant à d'autres mots de la même famille). Après la lecture, vous trouverez un exercice sur ces mots dans **Vé-rification**.

Stratégies de lecture

A. Lisez le début du texte:

Cette histoire de l'étranger, je n'arrivais pas à la trouver claire.

Un jour, °zia Rosa, la voisine, était venue dire à ma mère: ici = Madame

—°Vous ne savez pas, Flaminia se marie.   = Savez-vous que

— Et avec qui? avait demandé ma mère.

— Je ne sais pas. Ce qu'il y a de sûr, c'est que les parents ne   c'est ce qu'on

sont pas contents. Ils n'en parlent même pas. Un Espagnol, °à ce   impossible de savoir

qu'on dit. Mais °allez chercher qui c'est exactement.

— Un étranger, dit ma mère. Et elle posa son °tricot. Comme   *cf.* tricoter
s'il n'y avait pas assez d'hommes. Il faut vraiment avoir des idées
°pas comme les chrétiens.   bizarres

Et zia Rosa dit:

— C'est °juste ce que vous dites là. Elle aurait tout de même   exact
pu se le choisir chrétien.

1. Qu'est-ce que la voisine vient annoncer à la mère de la narratrice?
2. Qui est l'étranger?
3. Quelle est la réaction des parents de Flaminia?
4. Quelle est la réaction de la mère de la narratrice?
5. Quelle est la réaction de la voisine?
6. Qu'est-ce que cette «introductrion» au texte nous apprend: (a) sur le comportement, (b) sur les attitudes des gens qui habitent ce village?

B. Nous avons divisé le texte en trois parties (**I, II, III**). Si vous le désirez, vous pouvez vérifier votre compréhension après chaque partie en répondant aux questions correspondantes dans **Compréhension**.

LECTURE

Marie Susini, *Plein Soleil*

I.

Cette histoire de l'étranger, je n'arrivais pas à la trouver claire.

Un jour, zia Rosa, la voisine, était venue dire à ma mère:

— Vous ne savez pas, Flaminia se marie.

— Et avec qui? avait demandé ma mère.

5   — Je ne sais pas. Ce qu'il y a de sûr, c'est que les parents ne sont pas contents. Ils n'en parlent même pas. Un Espagnol, à ce qu'on dit. Mais allez chercher qui c'est exactement.

— Un étranger, dit ma mère. Et elle posa son tricot. Comme s'il n'y avait pas assez d'hommes. Il faut vraiment avoir des idées pas
10   comme les chrétiens.

Et zia Rosa dit:

— C'est juste ce que vous dites là. Elle aurait tout de même pu se le choisir chrétien.

Ce jour-là, je me souviens, ma mère nous fit des [1]beignets de
15 *bruccio.* J'aimais bien quand ma mère nous faisait des beignets de

---

[1] cheese fritters.

bruccio. Alors j'étais seule avec elle à la cuisine, et il était rare que je sois un moment seule avec ma mère. C'est que la maison était toujours ouverte. Même le matin de bonne heure, alors que je prenais mon café au lait, il arrivait °qu'il y eût déjà quelqu'un. Mais

20 s'il n'y avait personne, je prenais mon °bol et j'allais au coin du feu. J'essayais de **retenir** ma mère.

—Tu crois que j'ai du temps à perdre? disait-elle.

Ma mère restait un peu, je °faisais durer tant que je pouvais mon café au lait, mais elle **s'affairait** avant que °j'eus fini.

25 Le plus souvent, °à peine étais-je bien installée au coin de la cheminée, que quelqu'un °se penchait par la porte ouverte et demandait:

—Vous n'auriez pas l'heure?

Et comme c'était l'heure précisément du café, ma mère offrait une

30 tasse de café qui, chez nous, «était toujours le meilleur». **Je me sauvais** à la cuisine. Ma mère me disait après:

—Je ne sais pas d'où tu sors. Tu es vraiment °sauvage.

Il venait sans cesse du monde à la maison; c'était pour dire un bonjour en passant, raconter les nouvelles, demander un renseigne-

35 ment, se faire faire une lettre par mon père. Et je voyais souvent ma mère mettre dans le ²tablier d'une vieille des œufs, du fromage, du ³saucisson ou une bouteille d'huile. La vieille **ramenait** les coins de son tablier noir:

—C'est la maison de Dieu, disait-elle.

40 Ma mère la faisait sortir par le jardin pour qu'on ne °vît pas qu'elle partait «les mains pleines».

—C'est la maison de Dieu, répétait la vieille.

Et moi, je me disais qu'elle n'avait pas à être la maison de Dieu, que c'était la maison de mon père. Mais pourquoi donc n'était-elle

45 pas °secrète comme celle des autres, où il faut d'abord monter l'escalier de pierres **raide** et long, et alors les gens ne le montent pas, cet escalier, parce que ce n'est pas aussi simple que de se pencher à l'intérieur d'une maison par la porte toujours ouverte. Les gens passent, et on °se tient en haut des escaliers dans ces maisons-

50 là, et on parle comme cela d'en haut avec les gens qui passent.

Chez nous, il y avait des escaliers, mais ils étaient à l'intérieur. On montait les étages, le soir, pour aller se coucher. On allait dans le grand salon d'en haut pour la prière commune.

Personne n'**empruntait** le couloir sombre. Alors ces pièces du

55 bas étaient ouvertes °à tout venant. Elles donnaient sur la route. Il y

Right margin glosses:

qu'il y ait (*subj.*)

cogn.

= je buvais aussi lentement que j'aie fini (*subj.*)

= aussitôt que j'étais / passait la tête

timide

voie (*subj.*)

contr. ouverte (l. 18)

reste

pour n'importe qui

²apron.   ³kind of salami.

avait même des °petits qui venaient jusque dans la cuisine quand ils   enfants
sentaient qu'on faisait quelque chose de bon. Et ma mère donnait,
donnait toujours. Je ne comprenais pas ma mère: si elle allait continuer ainsi à donner, il ne nous resterait bientôt plus rien. Pourquoi
60 s'occupait-elle ainsi de tous? Les autres mères ne **secouraient** pas
les pauvres gens. Elles s'occupaient uniquement °des leurs.   de leur famille

II.

Pourtant, il y en avait que j'avais plaisir à voir arriver à la maison.
Le garde-champêtre était de ceux-là: il avait une large ceinture de
laine rouge qui °ceignait plusieurs fois °ses reins et de gros boutons   entourait / sa taille
65 d'argent qui **luisaient** à son costume de velours noir.
On racontait souvent ce qui lui était **advenu** un jour à un
mariage. Il allait lever son verre à la mariée. Il avait pourtant deux
possibilités de faire la rime:
Ce vin est frais et fin
70 A la santé de François mon cousin,
ou:
Ce vin est fin et frais (*fresco*).
A la santé de mon cousin François (*Francesco*).
— Oui, il avait deux moyens de faire la rime.
75 Mais il en avait choisi un troisième: il avait fait rimer *Francesco*
avec *fino*, et ça n'allait plus du tout.
— Et pourtant il avait deux façons de faire la rime.
Et les gens riaient encore quand ils le rencontraient; pour sûr, ils
pensaient à sa rime: même pour un homme °saoul, ça ne devait pas   ivre
80 être si difficile de **s'en sortir**.
Chaque fois qu'il venait à la maison, ma mère lui offrait à boire; à
vrai dire c'est pour cela qu'il venait à la maison.
— Si vous voulez, je prendrai un peu de vin, mais c'est bien pour
vous faire plaisir, disait-il.
85 Maria tendait un verre à l'homme, et pendant qu'elle versait le
vin, il tournait la tête, faisait celui que ça n'intéresse pas. Il était tout
occupé à faire des déclarations de [4]dévouement à mon père qui ne
disait rien. Je ne suis pas sûre que mon père °écoutât. Car mon père   (*subj.*) = écoutait
savait être cordial sans familiarité: il savait écouter en pensant à tout
90 autre chose.
Le garde-champêtre se tournait enfin, regardait le verre plein,
protestait, °faisait mine de ne pas en vouloir: faisait semblant
— Oh! mais c'est trop. Je ne pourrai jamais boire tout cela.
Et il **vidait** son verre °d'un trait.   en une fois

[4] readiness to help.

95   L'homme parlait, jouant avec son verre vide. Une chèvre était en-
trée dans notre °clos, mais sans faire de °dégâts, car heureusement il   terrain enclos / dom-
passait par là juste au moment où la chèvre avait sauté la ⁵haie.   mages

Il inclinait son verre tantôt d'un côté, tantôt de l'autre, visiblement fasciné par la goutte qui restait au fond. Maria venait lui pren-
100 dre son verre vide. Alors il se levait, s'excusait d'avoir dérangé et s'en
allait.

III.

Ce jour-là, donc, où zia Rosa était venue dire à ma mère que Flaminia, la fille de zia Giovanna, se mariait, ma mère fit des beignets
de *bruccio*.
105   Je ne pouvais jamais attendre d'être à table pour les manger. Il
fallait que je les prenne sortis de la ⁶poêle, brûlants et **dégouttant**
l'huile. J'avais l'impression que ce beignet de *bruccio* était pour moi
seule, que ma mère l'avait fait pour moi, alors qu'à table, °en tas, °ils   les uns sur les autres
ne me disaient plus rien.   / ils ne me
110   Ma mère me laissait faire. Elle disait seulement, en tournant les   tentaient plus
beignets dans l'huile **bouillante**:
    —Tu ne peux jamais faire comme tout le monde.
Et ce jour-là où zia Rosa était venue raconter l'histoire de la fille de
zia Giovanna qui épousait un étranger, je dis à ma mère, tout en
115 faisant sauter mon beignet d'une main dans l'autre pour le **refroidir**:
    —Mère, qu'est-ce que ça veut dire, un étranger?
    —C'est quelqu'un qui n'est pas du pays.
    —Mais comment sont-ils, les étrangers?
120   —Comment, comment sont-ils?
    —Eh oui, ce sont des hommes?
    —Ce sont des hommes.
    —Et ils ne sont pas chrétiens?
    —Il y en a qui le sont, mais ils ne sont pas chrétiens tout de
125 même.
    —Mais peut-être que celui que Flaminia épouse est chrétien?
Eh oui, pourquoi aurait-elle **contrarié** °les siens à s'en aller   *cf. les leurs (l. 61)*
chercher un étranger?
    —Mère, puisque ce sont des hommes comme les autres, qu'est-
130 ce que ça peut faire que Flaminia épouse un étranger?
    —Ils ne sont pas comme les autres, dit ma mère.
    —Et pourquoi ne sont-ils pas comme les autres?
    —Mais parce qu'on ne sait pas d'où ils sortent.

⁵ hedge.   ⁶ frying pan.

—Mais puisque c'est Dieu qui les a faits.

135   —Dieu a fait aussi les [7]crapauds.

C'était juste, ce que disait ma mère.

Je mangeais mon beignet de *bruccio*, °cependant que ma mère,   pendant
tout contre la fenêtre, dans un nuage de fumée qui sentait bon, souf-
flait le feu de droite à gauche.

140   —Mais peut-être qu'il est un seigneur chez lui, ou un prince, celui
que Flaminia va épouser.

—Qui? demanda ma mère.

—Celui que Flaminia va épouser.

—Peut-être, dit ma mère, mais il vaut mieux épouser un [8]berger
145 qu'on connaît qu'un prince qu'on ne connaît pas.

C'était juste, ce que disait ma mère.

—Comment c'est fait un étranger, mère? On les reconnaît?

—Si c'est un nègre ou un Chinois, bien sûr.

—Où est-ce qu'on en voit, des nègres?

150   —Je °ne tiens pas à en voir, dit ma mère.   n'ai pas envie d'

Je me souvins de la crèche des religieuses. De Balthazar avec ses
grosses lèvres, ses cheveux tout frisés et ses habits °bariolés.   de couleurs vives

—Mère, et le petit Jésus, lui, c'était un étranger?

—C'est le fils de Dieu. On ne peut pas dire que ce soit un
155 étranger, dit ma mère.

APRES LA LECTURE

Vérification

Vous avez deviné certains mots d'après le contexte ou l'étymologie. Vérifiez votre compréhension en faisant l'exercice suivant:

A. D'après le contexte:

Pour les mots en caractères gras, choisissez l'équivalent qui convient dans la liste ci-après:

1. «J'essayais de **retenir** ma mère.» (l. 21)
2. «Je **me sauvais** à la cuisine.» (ll. 30–31)
3. «La vieille **ramenait** les coins de son tablier noir» (ll. 37–38)
4. «l'escalier de pierres **raide** et long» (l. 46)
5. «Personne n'**empruntait** le couloir sombre.» (l. 54)
6. «Les autres mères ne **secouraient** pas les pauvres gens.» (ll. 60–61)
7. «de gros boutons d'argent qui **luisaient**» (ll. 64–65)

---

[7] toads.   [8] shepherd.

8. «ce qui lui était **advenu**» (l. 66)

9. «difficile de **s'en sortir**.» (l. 80)

10. «dans l'huile **bouillante**» (l. 111)

a. très incliné	b. arrivé	c. rapprochait
d. garder près de moi	e. endommagé	f. utilisait
g. aimait	h. aidaient	i. brillaient
j. menaçaient	k. partais vite	l. restais
m. trouver une solution	n. extrêmement chaude	o. s'échapper

Réponses: 1. d   2. k   3. c   4. a   5. f   6. h   7. i   8. b   9. m   10. n

B. D'après l'étymologie:

Pour les mots en caractères gras, donnez un mot de la même famille:

Mot de la même famille

1. «elle **s'affairait**» (l. 24) _____

2. «il **vidait** son verre» (l. 94) _____

3. «**dégouttant**» (l. 106) _____

4. «pour le **refroidir**» (ll. 115–116) _____

5. «pourquoi aurait-elle **contrarié** les siens» (l. 127) _____

Compréhension

A. La maison des parents (ll. 14–61)

1. Où habite la narratrice?

2. Est-ce que sa maison ressemble aux autres? Pourquoi?

3. Quelles sont les relations entre voisins?

4. Quel vêtement caractéristique est-ce que les femmes portent?

5. Qu'est-ce que la narratrice aime faire à la maison?

6. Qu'est-ce qu'elle n'aime pas faire?

7. Qu'est-ce qu'elle aime faire avec sa mère?

8. Elle voudrait que sa mère soit comme les autres. Qu'est-ce qu'elle n'aime pas dans son comportement? Pourquoi?

9. Comment est-ce que la narratrice se sent parce que sa mère est différente?

10. La narratrice ne parle pas beaucoup de son père. Mais qu'est ce qu'un détail révèle sur lui?

B. Le garde champêtre (ll. 62–101)

1. La narratrice raconte deux souvenirs à propos du garde champêtre. Quels sont ces deux souvenirs? Identifiez les lignes qui correspondent à chacun des souvenirs. Pourriez-vous trouver un titre pour ces deux sous-parties?

2. A votre avis, pourquoi est-ce que la narratrice était contente de voir arriver le garde champêtre à la maison?

3. Pourquoi est-ce que le garde champêtre venait souvent à la maison? Comment est-ce qu'il se comportait chaque fois?

4. Comment est-ce que vous trouvez le garde champêtre (sympathique, amusant, ridicule, etc.)?

C. L'étranger (l. 102 jusqu'à la fin)

1. Quel événement était annoncé au début de l'histoire? Quelle est la réaction de la mère?

2. Pourquoi est-ce que la narratrice interroge sa mère sur sa réaction?

3. Qu'est-ce qu'elle pense des explications données par sa mère?

Interprétation

Relisez le texte en entier, puis répondez aux questions suivantes:

1. Le personnage de la mère domine ce récit. Pourtant, la narratrice parle de sa maison comme de la maison de son père (l. 44). A votre avis, pourquoi?

2. A quelle coutume corse est-ce que les lignes 66–80 font allusion? Sur quoi est-ce que cette coutume met l'accent? Est-ce que dans votre société on met aussi l'accent sur cette valeur?

3. Est-ce que le texte fait allusion à d'autres rituels de politesse dans la société corse et, plus généralement, dans les sociétés latines? Lesquels? (Regardez en particulier les lignes 83–84).

4. La société corse est une société de pratique catholique. Plusieurs questions que la fillette pose à sa mère (ll. 117–155) concernent la religion. Qu'est-ce que ces questions et les réponses révèlent sur l'attitude de la fille et de la mère envers la religion?

5. Le mot «étranger» se trouve seulement dans la première et la dernière parties du récit. Soulignez chaque emploi du mot. Est-ce que l'idée d'être étranger est totalement absente des autres parties?

6. A votre avis, est-ce qu'on pourrait dire que la narratrice se sent un peu comme une étrangère? Pourquoi?

7. Quelle est la réaction de la mère envers «l'étranger»? Est- ce que la fille partage son point de vue? Est-ce qu'elle exprime son opinion ouvertement? Comment est-ce qu'elle exprime cette opinion?

8. Relisez la première phrase du texte. A la fin du récit, est-ce que vous avez l'impression que la narratrice trouve cette «histoire de l'étranger» plus claire?

9. Connaissez-vous d'autres textes où le questionnement du monde adulte par un enfant est utilisé comme stratégie pour une critique sociale?

Style et langue

A. Plusieurs expressions de temps ont une fonction essentielle dans la progression du récit: «Un jour» (l. 2), «Ce jour-là» (l. 14) et «Ce jour-là, donc» (l. 102.) Le mot «Pourtant» (l. 62) a aussi une fonction essentielle dans l'organisation du récit. Pourquoi?

B. Dans ce récit du souvenir, il y a des dialogues et des commentaires. Quelle est leur importance respective? A votre avis, est-ce que ces commentaires reflètent le point de vue de l'enfant ou de la narratrice adulte? Justifiez votre réponse en trouvant des exemples précis.

C. La répétition est généralement un procédé stylistique qui révèle une intention particulière de l'auteur. Deux fois, la narratrice répète: «C'était juste, ce que disait ma mère.» (l. 136 et l. 146). Comment interprétez-vous cette répétition?

Activités

1. Racontez un épisode de votre enfance qui illustre votre étonnement ou votre incompréhension devant certains événements, idées ou personnes.

2. Vous allez vous marier avec un «étranger / une étrangère» (quelqu'un d'une autre région des Etats-Unis, d'un autre pays, d'une autre religion, etc.). Imaginez la réaction (positive ou négative) de votre famille, de vos amis.

3. Imaginez que vous venez d'arriver dans une autre ville une autre région, un autre pays (pour y vivre ou y faire des études, parce que vous y avez trouvé un nouvel emploi, etc.). Tout est nouveau pour vous; vous devez vous faire de nouveaux amis, etc. Quelles sont vos réactions? Exprimez vos sentiments.

Intertextualité

Thème: Mère et fille   Colette, «La Petite Bouilloux» (20)

18
L'Etranger

Charles Baudelaire

OBJECTIF

Dans ce poème, vous allez découvrir comment le poète exprime ses sentiments sur les valeurs conventionnelles de sa société.

AVANT LA LECTURE

Ouverture

Imaginez que l'on vous pose les questions suivantes:

1. Qui aimez-vous le mieux: votre père, votre mère, votre sœur ou votre frère?
2. Aimez-vous mieux vos amis ou votre patrie?
3. Aimez-vous mieux la beauté ou l'or?

Qu'est-ce que vous répondriez? Comparez vos réponses à celles des autres étudiant(e)s de la classe.

Note contextuelle

Le poème et l'auteur

Charles Baudelaire a écrit ses *Petits Poèmes en Prose* plusieurs années après son œuvre la plus célèbre, *Les Fleurs du Mal*. «L'Etranger», que vous allez lire, est le premier texte de *Petits Poèmes en Prose*.

Stratégie de lecture

Lisez le poème, puis comparez les réponses de l'«homme énigmatique» à vos réponses avant de le relire.

LECTURE

Charles Baudelaire, *L'Etranger*

Qui aimes-tu le mieux, homme °énigmatique, dis?   mystérieux
ton père, ta mère, ta sœur ou ton frère?

— Je n'ai ni père, ni mère, ni sœur, ni frère.

— Tes amis?

5   — °Vous vous servez là d'une parole dont le sens   Vous utilisez là une
m'est resté jusqu'à ce jour inconnu.

— Ta °patrie?   *cf.* le, la patriote

— °J'ignore sous quelle latitude elle est située.   Je ne sais pas

— La beauté?

10 — Je l'aimerais ¹volontiers, ²déesse et immortelle.

— L'or?

— Je le °hais comme vous haïssez Dieu.   déteste

— Eh! qu'aimes-tu donc, extraordinaire étranger?

— J'aime les nuages . . . les nuages qui passent . . .
15 là-bas . . . là-bas . . . les merveilleux nuages!

APRES LA LECTURE

Appréciation

1. Après avoir relu le poème, faites un portrait rapide de cet «homme énigma-tique». Quelle est son attitude envers la famille, les amis, son pays, la beauté, la richesse, etc.?

2. A votre avis, qui pose les questions dans ce poème?

3. Y a-t-il une progression dans les questions que cette personne pose? Quelle dif-férence voyez-vous entre les premières et les dernières questions?

4. Y a-t-il une progression dans les reponses? (Regardez les verbes utilisés.)

5. Pourquoi la personne qui répond dit qu'elle a la même haine pour l'or que l'autre personne pour Dieu? Qu'est-ce que vous pensez de la comparaison entre l'or et Dieu? Est-elle logique, à votre avis?

6. Pourquoi est-ce que la personne qui pose les questions réagit en utilisant l'adjectif «extraordinaire» (vers 13)?

¹willingly.   ²goddess.

7. Est-ce que la réponse donnée par l'«extraordinaire étranger» est surprenante? Pourquoi?

8. Selon vous, quel est le sens de «J'aime (. . .) les merveilleux nuages!» (vers 14–15)? (La beauté de la nature, la beauté passagère, le paradis, l'inspiration poétique, etc.)

9. Qu'est-ce que cette réponse nous révèle sur l'identité de l'«homme énigmatique»?

10. Pourquoi est-ce que la personne qui pose les questions considère l'autre personne comme un étranger?

11. Justifiez le titre du poème. Qui est cet «étranger»?

12. A votre avis, est-ce que les poètes sont nécessairement comme des étrangers dans la société? Pourquoi? Est-ce que les poètes sont les seuls à se sentir différents des autres?

13. A votre avis, si le poète rejette les valeurs de sa société, est-ce qu'il doit aussi rejeter les relations affectives avec parents et amis comme Baudelaire dans ce poème?

Style et langue

Ce poème en prose est présenté comme un dialogue.

1. Pourquoi l'appelle-t-on un poème **en prose**? Y a-t-il des rimes, des vers, des strophes?

2. Pourquoi l'appelle-t-on **un poème** en prose? (Notez les sentiments, le choix des mots, l'évocation des images, etc.)

Relisez ce poème en prose à haute voix avec un(e) autre étudiant(e).

Activités

1. Imaginez que vous êtes dans un contexte où vous vous sentez «étranger» ou «étrangère». Décrivez votre comportement, vos sentiments, etc.

2. Il vous est peut-être déjà arrivé d'avoir l'impression d'être un peu étranger chez vous (dans votre propre maison, votre propre ville, votre propre pays, etc.). Racontez.

3. Faites une liste des différentes qualités que doit avoir, à votre avis, l'ami(e) idéal(e) (par exemple: il / elle doit être fidèle; il / elle doit savoir me consoler quand je suis triste; il / elle doit pouvoir me conseiller, m'aider, etc.).

Intertextualité

Thèmes:	L'étranger au monde	Michaux, «Plume au restaurant» (5)
	L'Autre différent	Bille, «Vendanges» (11)
		Susini, *Plein Soleil* (17)

19
L'Extase matérielle
J. M. G. Le Clézio

OBJECTIF

Vous allez analyser un texte théorique qui a un but moral. A partir d'une réflexion sur l'argent, l'auteur propose une critique du matérialisme de la société.

AVANT LA LECTURE

Ouverture

Est-ce que l'acquisition et la possession de choses matérielles sont importantes pour vous? Avez-vous de l'admiration pour les gens très riches? Pourquoi? Est-ce que la richesse est un élément important du bonheur? Pourquoi?

Y a-t-il dans notre société des individus ou des groupes qui croient au bonheur sans la richesse ou qui cultivent **le dénuement** (une vie avec le minimum de choses matérielles)? Quelle est l'attitude contraire à l'attitude matérialiste? Quelles sont ses caractéristiques?

Note contextuelle

Il y a en France une tradition intellectuelle qui rejette le monde de l'argent, associé aux valeurs bourgeoises, en faveur d'une plus grande vie spirituelle. Le Clézio est un représentant contemporain de cette tradition.

Stratégies de lecture

A. Avant de lire le texte, lisez le début de chaque paragraphe. Ces phrases résument les idées principales du texte et vous permettent d'anticiper leur développement:

I. Je °hais l'argent. Vivre avec l'argent, ce n'est pas facile. (l. 1)   *inf.* haïr (détester)

II. L'ambition véritable °rejoint finalement le °dénuement. Ne rien posséder est une fascination. (ll. 15–16)   coïncide avec / *cf.* nu(e)

131

III.   N'achetez pas de voiture, ne possédez pas de maison, n'ayez   *bon emploi*
pas de °situation. Vivez dans le minimum. (ll. 19–20)

IV.   C'est difficile de °ne pas succomber. (l. 31)   *= résister*

V.   °Pas un esprit d'originalité °forcément. (l. 34)   *Il ne faut pas /*
                                                              nécessairement

VI.   Ne °renoncez à rien. Ni au bonheur, ni à l'amour, ni à la   *cogn.*
colère, ni à l'intelligence. (ll. 53–54)

Répondez aux questions suivantes:

   I. (a) Quelle est l'attitude de l'auteur envers l'argent?
     (b) D'habitude, on dit que l'argent rend la vie plus facile. Imaginez pourquoi l'auteur dit le contraire.
  II. (a) En général, est-ce que l'objectif d'une personne ambitieuse est le dénuement?
     (b) Pourquoi est-ce que «ne rien posséder» pourrait exercer une tentation très forte?
 III. A votre avis, est-il possible dans notre société de suivre ces recommandations et de vivre «dans le minimum»?
 IV. L'auteur dit que résister à la tentation des choses matérielles est difficile. Qu'est-ce que cela révèle sur son attitude?
  V. L'auteur dit qu'il n'est pas nécessaire d'être quelqu'un d'exceptionnel. Pour arriver à quel résultat? (Pensez aux idées déjà exprimées).
 VI. Y a-t-il dans l'idée exprimée dans ces deux phrases une contradiction vis-à-vis de ce qui précède?

B. Lisez maintenant le texte en entier. Si vous le voulez, après chaque paragraphe, vous pouvez regarder les questions correspondantes dans **Compréhension** pour vous assurer que vous avez bien compris.

LECTURE

J. M. G. Le Clézio, *L'Extase matérielle*

I.

Je hais l'argent. Vivre avec l'argent, ce n'est pas facile. °Le papier-   Les billets de banque
monnaie représente tout ce qu'il y a de limité, de °raisonneur, de   *cf.* la raison
°chichement équilibré dans la société des hommes. Le goût de   étroitement
l'argent, c'est le goût des choses futiles, des objets qu'on achète, de
5 la gloire limitée. C'est le ¹trompe-la-mort, la réalité qu'on dit pra-

¹ scheme to cheat death.

tique, le °mensonge. L'argent °gêne mes rapports avec les autres. Je
ne sais pas comment payer, et je n'aime pas qu'on me paye. Je hais
aussi le respect-réflexe que j'ai pour l'argent, pour la vieille notion
de la valeur marchande, alors que je ne crois qu'aux valeurs senti-
10 mentales. Je ne sais pas faire °l'aumône, et quand je donne un pourboire, je ne sais pourquoi, mais celui qui le reçoit regarde sa main
comme si j'y avais déposé un [2]crachat. En même temps, je sais que
je suis profondément °avare, que chaque °sou m'appartient, que j'ai
peur de le perdre.

cf. mentir / rend dif-
ficiles

la charité

cf. l'avarice / = pe-
tite pièce d'argent

II.

15   L'ambition véritable rejoint finalement le dénuement. Ne rien
posséder est une fascination. Etre le plus nu possible, être tout
tourné vers l'intérieur, ne pas s'attacher aux choses terrestres, voilà
ce qu'il faudrait être capable de faire.

III.

        N'achetez pas de voiture, ne possédez pas de maison, n'ayez pas
20 de situation. Vivez dans le minimum. N'achetez jamais rien. Les
objets sont °gluants; si vous êtes pris par l'un d'eux, un jour, °à
l'improviste, et si vous ne vous °dégagez pas à temps, vous êtes °fait.
Petit à petit, les maisons, les voitures, les montres en or, le luxe inutile
et les vanités de toutes sortes attireront votre âme, et bientôt vous
25 vous retrouverez l'esprit plein de chiffres, °spéculant, °palpant la
chair des poulets devant [3]l'étal de la boucherie, raisonnable,
°sententieux, sachant qu'il y a des choses qu'il faut faire et d'autres
qu'il ne faut pas faire, °enfoui dans le monde bien °clos, bien °fade,
tranquille et méchant, °redondant de paroles anonymes, et °borné
30 comme une bêtise.

comme la glu
(*cogn.*) / sans vous
y attendre / libérez
/ pris

cogn. / = touchant

verbeux

= enfermé / fermé /
insipide
cf. la redondance /
très limité

IV.

        C'est difficile de ne pas succomber. °Il faut à l'être beaucoup de
résistance, une révolte °braquée constamment contre [4]tout ce qui
enveloppe, tout ce qui saupoudre, tout ce qui voltige.

Chaque personne
doit avoir / =
dirigée

V.

        Pas un esprit d'originalité forcément. Souvent, au contraire, je
35 reconnais ceux qui me ressemblent °à une certaine °raideur, à °une
mine distante, austère, un peu °compassée. Vêtus de gris ou de noir,

par / *cf.* raide / un
visage
affectée

[2] spit.   [3] meat counter.   [4] whatever wraps itself around you, sprinkles
over you, flutters around you.

pas trop visibles, pas trop °effacés, ils n'aiment pas qu'on les re- — discrets
marque. Emotifs, mais °flegmatiques, avec quelque chose de dur et — *cogn.*
de °crispé dans le visage. Polis jusqu'à être cérémonieux, rien ne les — tendu (*cf.* la tension)
40 distingue de la foule des gens occupés. Et même, °à les voir vivre — si on les regarde
superficiellement, ils ont l'air très occupés, avec leurs allées et venues, avec leurs travaux °en cours, avec leurs mines studieuses. Et — du moment
pourtant, ils sont en quelque sorte °arrêtés sur eux-mêmes, et ils — concentrés
regardent, ils regardent tout le temps. Tout les °étonne, ils s'amusent — surprend
45 souvent des choses les plus futiles. Ils travaillent avec tout. Et dans
leurs yeux, avec un peu d'angoisse, un peu de °cruauté, il y a comme — *cf.* cruel / le
une transparence naïve. Ils ont facilement les yeux °ronds. [5]Ils — surpris, étonnés
sont enfants gâtés, rancuniers, bougons, clowns. °Crédules, parfois — *cogn.*
même ridicules. Pleins de °manies, °sensibles, pas tellement volon- — habitudes irritantes / émotifs
50 taires °face aux volontés implacables des autres. Je n'aime pas trop le — devant la détermina-tion inflexible / ob-sédés (*cf.* la manie)
dire, mais c'est pourtant ce qu'ils sont: des °maniaques sentimen-
taux.

VI.

Ne renoncez à rien. Ni au bonheur, ni à l'amour, ni à la colère, ni
à l'intelligence. N'hésitez pas; prenez le plaisir dans le plaisir,
55 l'orgueil dans l'orgueil. Si on vous cherche querelle, °emportez-vous. — perdez votre calme
Si on vous frappe, répondez. Parlez. Cherchez le bonheur, aimez vos
°biens, votre argent. Possédez. Petit à petit, sans °ostentation, prenez — possessions / *cogn.*
tout ce qui est utile, et ce qui est inutile aussi, et vivez dans
l'essentiel. Puis, quand vous aurez tout pris sur terre, prenez-vous
60 vous-même: enfermez-vous dans une seule grande chambre grise et
froide, aux murs nus. Et là, tournez-vous vers vous-même, et visitez-
vous, visitez-vous tout le temps.

APRES LA LECTURE

Compréhension

I.

1. L'auteur donne une série d'arguments pour expliquer sa haine de l'argent.
   a. Faites la liste des arguments d'ordre général.
   b. Faites la liste des arguments d'ordre personnel.
2. Qu'est-ce que l'auteur oppose à l'amour de l'argent?
3. Pourtant, l'auteur dit qu'il est «avare» (l. 13). Est-ce que c'est là une réelle con-tradiction? Quelle phrase annonçait déjà cette déclaration?

---

[5] They are like spoiled children: they keep grudges; they are surly.

II et III.

1. Quel idéal est-ce que l'auteur recommande?
2. Quel pouvoir est-ce que les objets exercent sur les individus?
3. Qu'est-ce que les individus risquent de perdre s'ils deviennent trop attachés aux objets?
4. Quelle image est-ce que l'auteur utilise pour évoquer le pouvoir des objets?
5. Quels adjectifs sont utilisés pour décrire le monde du commerce et des affaires?

IV.

1. Quelle idée nouvelle est introduite dans ce paragraphe?
2. Retrouvez les expressions et les phrases dans les paragraphes précédents qui annonçaient cette idée.
3. Comment est-ce que l'idée de menace et de futilité est exprimée par les verbes des lignes 32–33?

V.

1. Faites la liste des qualités et des défauts des personnes qui ressemblent à l'auteur. Comment l'auteur se voit-il?
2. Est-ce que ces défauts sont de véritables défauts? Pourquoi?
3. Comment pourrait-on qualifier cet autoportrait? Est-il flatteur? sévère? critique? humoristique? etc. Pourquoi?
4. L'auteur avait déjà déclaré: «je ne crois qu'aux valeurs sentimentales.» (ll. 9–10). Quelles expressions confirment son attachement aux sentiments dans ce paragraphe?

VI.

1. Quels conseils est-ce que l'auteur donne?
2. Est-ce que certains conseils sont en contradiction avec les idées précédentes?
3. L'auteur dit qu'il faut «être tout tourné vers l'intérieur» (ll. 16–17). Il reprend la même idée dans l'expression «prenez- vous vous-même» (ll. 59–60). Pourquoi utilise-t-il le verbe «prendre» cette fois-ci? (Pensez au thème principal de la possession des objets).
4. Quels autres verbes reprennent la même idée dans la dernière phrase du texte?

Interprétation

1. Résumez en termes simples les grandes lignes du raisonnement qui est développé dans ce texte. Montrez comment l'auteur passe par les étapes suivantes: fascination; résistance; liberté dans la possession; liberté dans le dénuement.
2. Qu'est-ce que vous pensez (a) de cette condamnation du matérialisme faite par l'auteur, (b) de la morale du dénuement qu'il propose?

3. Le mot «extase» est généralement associé à un contexte spirituel et mystique. Y a-t-il dans le titre une contradiction entre le mot «extase» et le mot «matér-ielle»? Comment est-ce que l'auteur relie les idées de matérialisme et d'extase dans le texte?

4. Pascal, grand philosophe du XVIIe siècle, a écrit dans ses *Pensées:* «J'ai découvert que tout le malheur des hommes vient d'une seule chose, qui est de ne savoir pas demeurer en repos, dans une chambre.» Est-ce que Le Clézio exprime la même idée? Comment?

Style et langue

1. On pourrait comparer ce texte à un sermon. Parmi les caractéristiques du style du sermon, on trouve:

   a. La répétition des mots et des expressions.
   b. L'emploi des verbes à l'impératif (souvent à la forme négative), qui est typique de l'exhortation et du conseil moral.
   c. L'emploi des images pour rendre concrètes des notions abstraites telles que le dénuement, les dangers du matérialisme, etc.
   d. Le portrait moral.

   Trouvez dans ce texte des exemples de chacune de ces caractéristiques.

2. Montrez comment, dans ce texte, le raisonnement est structuré autour des pro-noms personnels «je», «vous» et «ils».

Activité

Imitez le premier paragraphe de ce texte pour décrire votre propre attitude envers l'argent et les possessions matérielles.

20
La Petite Bouilloux
Colette

OBJECTIF

Vous allez lire un texte dans lequel il est essentiel de comprendre le contexte socio-culturel pour apprécier la dimension morale et psychologique du récit.

AVANT LA LECTURE

Ouverture

D'ordinaire la réussite dans la société est associée à plusieurs facteurs. Lesquels? A votre avis, quels sont les plus déterminants? Parmi ces facteurs, il est rare qu'on mentionne la beauté. Pourtant, dans nos sociétés, il existe de nombreux cas de réussite liée à l'apparence physique. Donnez-en des exemples. Quelle est votre opinion à ce sujet?

Notes contextuelles

1. **La ville**

Le texte décrit une petite ville de la province française de la fin du XIXᵉ siècle où la conscience de classe dominait encore plus qu'aujourd' hui les rapports humains.

2. **L'école**

Autrefois, les écoles étaient organisées en **cours** correspondant à des niveaux différents. Le dernier niveau était **le cours supérieur** (l. 47), pour les élèves âgés de 11 à 13 ans. Les élèves allaient à l'école tous les jours de la semaine, sauf le **jeudi** et le dimanche (l. 30).

A la fin de chaque année, il y avait une **distribution des prix** (ll. 15–16), cérémonie importante au cours de laquelle on donnait des livres aux meilleurs élèves. En général, quelques élèves étaient choisi(e)s pour réciter un poème devant l'assistance des parents et des officiels.

Les élèves qui ne continuaient pas leurs études (souvent pour des raisons économiques) entraient **en apprentissage** (l. 23) pour apprendre un métier (devenaient des **apprentis**, l. 33).

3. **La religion**

Comme la plupart des enfants français, la jeune Nana a été élevée dans la religion catholique. Elle a donc fait sa **première communion.** Le jour de la première communion, les enfants allaient à la messe le matin et aux **vêpres** l'après-midi (l. 19).

4. **Les loisirs**

Dans les villages, les grandes fêtes annuelles avaient lieu (et ont encore lieu) en particulier le 24 juin, jour de la **Saint-Jean** (l. 100 et l. 113) et lors des **foires** (*fairs*). Il y avait aussi des **bals** en plein air qui attiraient tous les jeunes des environs.

Stratégie de langue

Apprenez à reconnaître:

1. **Le vocabulaire du corps**

Vous avez déjà eu l'occasion de revoir et d'apprendre du vocabulaire sur le corps, en particulier dans «La Gomme» (6) et «Vendanges» (11).

Revoyez ce vocabulaire dans ces deux textes et apprenez les mots suivants:

Les cils (*eyelashes*); les épaules (*shoulders*); la gorge (*throat*; euphemism for *breasts*); les lèvres (*lips*); les narines (*nostrils*); la nuque (= le cou); les prunelles (les pupilles); le teint (*complexion*); les tempes (*temples*).

2. **Le vocabulaire de certains métiers**

Vous avez déjà rencontré plusieurs noms de métiers. Pouvez-vous en faire la liste?

En voici d'autres qui vous aideront à comprendre le texte:

Le scieur de long, l. 20 (*sawyer* of long timber); le charron, l. 33 (*cartwright*); la couturière, ll. 155–156 (*seamstress*); cf. «atelier de couture», l. 37; l'ébéniste, l. 125 (*cabinet maker*); le commis-voyageur, l. 130 (*traveling salesman*); le clerc d'huissier, l.131 (near equiv.: *bailiff*)

Stratégies de lecture

A. Lisez d'abord les phrases en caractères gras: elles contiennent l'essentiel du premier paragraphe.

Cette petite Bouilloux était si jolie que nous nous en apercevions. Il n'est pas ordinaire que les fillettes reconnaissent en l'une d'elles la beauté et lui rendent hommage. Mais l'incontestée petite Bouilloux nous désarmait. **Quand ma mère la rencontrait dans la rue, elle arrêtait la petite Bouilloux et se penchait sur elle, comme elle faisait pour sa rose**

°safranée, **pour son cactus** à fleur °pourpre, **pour son papil-**   jaune safran / rouge
lon du °pin, endormi et confiant sur ¹l'écorce écailleuse. **Elle**   cogn. (arbre)
touchait les cheveux °frisés, dorés comme la ²châtaigne mi-   bouclés
mûre, **la joue** transparente et rose **de la petite Bouilloux,**
regardait battre les cils °démesurés sur l'humide et vaste pru-   très longs
nelle sombre, **les dents briller** sous une lèvre sans pareille, **et**
laissait partir l'enfant, qu'elle suivait des yeux, ³**en**
soupirant:
    — **C'est prodigieux!** . . .

B. Pour vous aider à comprendre la structure de ces phrases longues, complétez ce qui suit:

    1. Quand ma mère rencontrait la petite Bouilloux dans la rue elle

      a. l' _____
      b. et _____
    comme elle faisait

      a. pour _____
      b. pour _____
      c. pour _____

    2. Elle (ma mère) touchait

      a. les _____
      b. la _____

    3. Elle regardait

      a. battre _____
      b. les _____
    et elle la laissait partir.

C. Relisez le paragraphe en entier et donnez les détails descriptifs qui accompagnent les termes suivants dans le texte:

la rose _____
le cactus _____
le papillon du pin _____ et _____
l'écorce _____
les cheveux _____
la châtaigne _____
la joue _____ et _____
les cils _____
la prunelle _____, _____ et _____
la lèvre _____

¹ the scaly bark.   ² half-ripe chestnut.   ³ with a sigh.

Colette utilise souvent des éléments descriptifs dans ses textes. Vous en avez déjà un exemple dans ce paragraphe. Pour comprendre l'histoire de la petite Bouilloux, inspirez-vous de la stratégie proposée pour ce premier paragraphe. A la première lecture, il n'est pas nécessaire de comprendre tous les éléments descriptifs. A la deuxième lecture, prêtez plus d'attention aux détails descriptifs pour apprécier le style de Colette.

D. Pour vous aider à comprendre l'histoire dans ses grandes lignes, nous avons divisé le texte en huit parties (I–VIII). Après chaque partie, vous pouvez répondre aux questions correspondantes dans **Compréhension.**

LECTURE

Colette, *La Petite Bouilloux*

I.

Cette petite Bouilloux était si jolie que nous nous en apercevions. Il n'est pas ordinaire que les fillettes reconnaissent en l'une d'elles la beauté et lui rendent hommage. Mais l'incontestée petite Bouilloux nous désarmait. Quand ma mère la rencontrait dans la rue, elle ar-
5   rêtait la petite Bouilloux et se penchait sur elle, comme elle faisait pour sa rose safranée, pour son cactus à fleur pourpre, pour son papillon du pin, endormi et confiant sur l'écorce écailleuse. Elle touchait les cheveux frisés, dorés comme la châtaigne mi-mûre, la joue transparente et rose de la petite Bouilloux, regardait battre les cils
10 démesurés sur l'humide et vaste prunelle sombre, les dents briller sous une lèvre sans pareille, et laissait partir l'enfant, qu'elle suivait des yeux, en soupirant:
— C'est prodigieux! . . .

II.

Quelques années passèrent, ajoutant des grâces à la petite Bouil-
15 loux. Il y eut des dates que notre admiration commémorait: une distribution de prix où la petite Bouilloux, timide et récitant tout bas une fable inintelligible, °resplendit sous ses °larmes comme une pêche sous °l'averse. . . La première communion de la petite Bouilloux fit scandale: elle alla boire °chopine après les vêpres, avec son
20 père, le scieur de long, au café du Commerce, et dansa le soir, féminine déjà et coquette, balancée sur ses souliers blancs, au bal public.
D'un air orgueilleux, auquel elle nous avait habituées, elle nous °avertit après, à l'école, qu'elle entrait en apprentissage.
— Ah!.. Chez qui?
25 — Chez Mme Adolphe.

cf. splendide / *cf.* pleurer / la pluie

un verre de vin

= dit

— Ah! . . . Tu vas gagner tout de suite?

— Non, je n'ai que treize ans, je gagnerai l'an prochain.

Elle nous quitta sans effusion et nous la laissâmes froidement aller. Déjà sa beauté l'isolait, et elle °ne comptait point d'amies dans [n'avait pas]
30 l'école, où elle apprenait peu. Ses dimanches et ses jeudis, au lieu de
la rapprocher de nous, °appartenaient à une famille °«mal vue», à [étaient passés avec / de mauvaise répu-tation / impudentes]
des cousines de dix-huit ans, °effrontées sur le pas de la porte, à des
frères apprentis charrons, qui «portaient cravate» à quatorze ans et
fumaient, leur sœur au bras, entre le [1]«Tir parisien» de la foire et le
35 gai °«Débit» que la [2]veuve à Pimelle °achalandait si bien. [= bar / remplissait en attirant les clients]

III.

Dès le lendemain matin, je vis la petite Bouilloux, car elle montait
vers son atelier de couture, et je descendais vers l'école. De stupeur,
d'admiration jalouse, je restai °plantée, du côté de la rue des Sœurs, [immobile]
regardant Nana Bouilloux qui s'éloignait. Elle avait °troqué son [3]sar- [échangé]
40 rau noir, sa courte robe de petite fille contre une jupe longue, contre
un °corsage de satinette rose à [4]plis plats. Un tablier de mohair noir [= blouse]
°parait le devant de sa jupe, et ses bondissants cheveux, disciplinés, [décorait]
°tordus en «huit», °casquaient étroitement la forme charmante et [= en forme de «8» / = entouraient (cf. le casque)]
nouvelle d'une tête ronde, impérieuse, qui n'avait plus d'enfantin
45 que sa fraîcheur et son impudence, pas encore mesurée, de [5]petite
dévergondée villageoise.

Le cours supérieur °bourdonna ce matin-là. [fut plein de com-mentaires]

— J'ai vu Nana Bouilloux! En «long», ma chère, en long qu'elle est
habillée! En chignon! Et une paire de ciseaux pendante!

IV.

50 Je rentrai, °haletante, à midi, pressée de crier: [respirant vite]

— Maman! j'ai vu Nana Bouilloux! Elle passait devant la porte! En
long, maman, en long, qu'elle est habillée! Et en chignon! Et des
[6]talons hauts, et une paire de . . .

— Mange, Minet-Chéri, mange, ta côtelette sera froide.

55 — Et un tablier, maman, oh! un si joli tablier en mohair, comme
de la soie! . . . Est-ce que je ne pourrais pas . . .

— Non, Minet-Chéri, tu ne pourrais pas.

— Mais puisque Nana Bouilloux peut bien . . .

— Oui, elle peut, et même elle doit, à treize ans, porter chignon,
60 tablier court, jupe longue, — c'est l'uniforme de toutes les petites
Bouilloux du monde, à treize ans, — malheureusement.

[1] shooting stand.   [2] widow.   [3] smock.   [4] pleated.   [5] little tart.   [6] high heels.

— Mais . . .

— Oui, tu voudrais un uniforme complet de petite Bouilloux. Ça
se compose de tout ce que tu as vu, plus: une lettre bien cachée
65 dans la poche du tablier, un amoureux qui sent le vin et le cigare °à   = pas cher
un sou; deux amoureux, trois amoureux . . . et un peu plus tard . . .
beaucoup de larmes . . . un enfant °malingre et caché que °le busc   maigre / = le métal
du corset a écrasé pendant des mois . . . C'est ça, Minet-Chéri,
l'uniforme complet des petites Bouilloux. Tu le veux?
70   — Mais non, maman . . . Je voulais essayer si le chignon . . .
Ma mère secouait la tête avec une °malice grave.   ironie sérieuse
— Ah! non. Tu ne peux pas avoir le chignon sans le tablier, le
tablier sans la lettre, la lettre sans les souliers à talons, ni les souliers
sans . . . le reste! C'est à choisir!

V.

75   °Ma convoitise se °lassa vite. La radieuse petite Bouilloux ne fut   Mon envie / fatigua
plus qu'une passante quotidienne, que je regardais à peine. Tête
nue l'hiver et l'été, elle changeait chaque semaine la couleur vive de
ses blouses. Par grand froid, elle serrait sur ses minces épaules élé-
gantes un petit °fichu inutile. Droite, éclatante comme une rose   châle
80 [7]épineuse, les cils °abattus sur la joue ou °dévoilant l'œil humide et   baissés / cf. le voile
sombre, elle méritait, chaque jour davantage, de °régner sur les   cogn.
foules, d'être contemplée, °parée, chargée de °joyaux. °La crépelure   ornée / cogn. (= bi-
domptée de ses cheveux châtains se révélait, quand même, en pe-   joux) / Les petites
tites °ondes qui accrochaient la lumière, en vapeur dorée sur la   boucles discipli-
85 nuque et près des oreilles. Elle avait un air toujours vaguement of-   nées / vagues
fensé, des narines courtes et °veloutées qui faisaient penser à une   cf. le velours
[8]biche.

Elle eut quinze ans, seize ans, — moi aussi. °Sauf qu'elle riait   Excepté le fait
beaucoup le dimanche, au bras de ses cousines et des ses frères,
90 pour montrer ses dents, Nana Bouilloux se °tenait assez bien.   comportait
— Pour une petite Bouilloux, ma foi, il n'y a rien à dire! reconnais-
sait la voix publique.

Elle eut dix-sept ans, dix-huit ans, un teint comme un fruit abrité
du vent, des yeux qui faisaient baisser les regards, une démarche
95 apprise on ne sait où. Elle se mit à fréquenter les °«parquets» aux   = parquets de
foires et aux fêtes, à danser furieusement, à se promener très tard,   danse
dans le chemin °de ronde, un bras d'homme autour de la taille.   des remparts
Toujours méchante, mais °rieuse, et poussant à °la hardiesse ceux   cf. rire / l'audace
qui se seraient contentés de l'aimer.

[7] thorny.   [8] doe.

VI.

100   Un soir de Saint-Jean, elle dansait au «parquet» installé place du Grand-Jeu, sous la triste lumière et l'odeur des lampes à pétrole. Les souliers °à clous levaient la poussière de la place, entre les °planches du «parquet». Tous les garçons gardaient en dansant le chapeau sur la tête, comme il se doit. Des filles blondes devenaient °lie de vin
105   dans leurs corsages °collés, des brunes, venues des champs et brûlées, semblaient noires. Mais dans une bande d'ouvrières °dédaigneuses, Nana Bouilloux, en robe d'été à petites fleurs, buvait de la limonade au vin rouge quand les Parisiens entrèrent dans le bal.

110   Deux Parisiens comme on en voit l'été à la campagne, des amis d'un °châtelain voisin, qui s'ennuyaient; des Parisiens en °serge blanche et en °tussor qui venaient se moquer, un moment, d'une Saint-Jean de village . . . Ils cessèrent de rire en apercevant Nana Bouilloux et s'assirent à la °buvette pour la voir de plus près. Ils
115   échangèrent, à mi-voix, des paroles qu'elle °feignait de ne pas entendre. Car sa fierté de belle créature lui défendit de tourner les yeux vers eux, et de °pouffer comme ses compagnes. Elle entendit: «[9]Cygne parmi les oies . . . Un °Greuze! . . . crime de laisser s'enterrer ici une merveille . . .» Quand le Parisien en serge blanche invita la
120   petite Bouilloux à °valser, elle se leva sans étonnement, et dansa °muette, sérieuse; ses cils plus beaux qu'un regard touchaient, parfois, °le pinceau d'une moustache blonde.

Après la valse, les Parisiens s'en allèrent, et Nana Bouilloux s'assit à la buvette en s'°éventant. Le fils Leriche °l'y vint chercher, et
125   Houette, et même Honce, le pharmacien, et même Possy, l'ébéniste, °grisonnant, mais fin danseur. A tous, elle répondit: «Merci bien, je suis fatiguée», et elle quitta le bal à dix heures et demie.

VII.

Et puis, il n'arriva plus rien à la petite Bouilloux. Les Parisiens ne revinrent pas, ni ceux-là, ni d'autres. Houette, Honce, le fils Leriche,
130   les commis-voyageurs au ventre barré °d'or, les soldats [10]permissionnaires et les clercs d'huissier °gravirent en vain notre rue °escarpée, aux heures où descendait l'ouvrière bien coiffée, qui passait raide avec un signe de tête. Ils l'espérèrent aux bals, où elle but de la limonade d'un air distingué et répondit à tous: «Merci bien, je ne
135   danse pas, je suis fatiguée.» Blessés, ils °ricanaient, après quelques jours: «Elle a attrapé une fatigue de trente-six semaines, oui!» et ils

[9] A swan among geese.   [10] on leave.

Marginal glosses (right column):

= lourds et peu élégants / *cogn.*

rouge sombre

collés contre le corps par la transpiration

cf. le dédain

cf. le château / *cogn.*

étoffe raffinée

cf. boire

faisait semblant

= rire

portrait de Greuze (peintre du XVIIIe siècle)

= danser la valse
= sans parler
= les poils

cf. le vent / = vint la chercher là

cf. gris(e)

par une chaîne de montre en or montèrent / très inclinée

riaient de manière sarcastique

°épièrent sa taille . . . Mais rien n'arriva à la petite Bouilloux, ni cela   observèrent
ni autre chose. Elle attendait simplement. Elle attendait, touchée
d'une [11]foi orgueilleuse, consciente de ce que lui devait un hasard
140 qui l'avait trop bien armée. Elle attendait . . . ce Parisien de serge
blanche? Non. L'étranger, le °ravisseur. L'attente orgueilleuse la fit   séducteur
pure, silencieuse, elle dédaigna, avec un petit sourire étonné,
Honce, qui voulut l'élever au rang de pharmacienne légitime, et le
premier clerc de l'huissier. Sans plus °déchoir, et reprenant en une   s' abaisser
145 fois ce qu'elle avait jeté — rires, regards, [12]duvet lumineux de sa joue,
courte lèvre enfantine et rouge, gorge qu'une [13]ombre bleue divise à
peine — à des °manants, elle attendit son °règne, et le prince qui   paysans / *cogn.*
n'avait pas de nom.

VIII.

Je n'ai pas revu, en passant une fois dans mon pays °natal,   *cogn.*
150 l'ombre de °celle qui me refusa si tendrement ce qu'elle appelait   = la femme (ma
«l'uniforme des petites Bouilloux». Mais comme l'automobile qui   mère)
m'emmenait montait lentement — pas assez lentement, jamais assez
lentement — une rue où je n'ai plus de raison de m'arrêter, une pas-
sante °se rangea pour éviter la roue. Une femme mince, bien coiffée,   fit un pas de côté
155 les cheveux en °casque à la mode d'autrefois, des ciseaux de coutu-   *cf.* l. 43
rière pendus à une °«châtelaine» d'[14]acier, sur son tablier noir. De   = chane
grands yeux vindicatifs, une bouche serrée qui devait se taire
longuement, la joue et la tempe °jaunies de celles qui travaillent à la   *cf.* jaune
lampe; une femme de quarante-cinq ans à . . . Mais non, mais non;
160 une femme de trente-huit ans, une femme de mon âge, exactement
de mon âge, je n'en pouvais pas douter . . . Dès que la voiture lui
laissa le passage, la «petite Bouilloux» descendit la rue, droite, indif-
férente, après qu'un coup d'œil, °âpre et anxieux, lui eut révélé que   dur
la voiture s'en allait, vide du ravisseur attendu.

APRES LA LECTURE

Compréhension

I. La beauté incontestée de la petite Bouilloux (ll. 1–13).

1. Quels détails servent à décrire la beauté de l'enfant?
2. Quelle était l'attitude des autres enfants à l'égard de la petite Bouilloux?
3. Ce paragraphe nous apprend quelque chose sur la beauté de l'enfant. Il nous apprend aussi quelque chose sur la mère. Quoi?

[11] faith.   [12] soft down.   [13] shadow.   [14] steel.

II. La petite Bouilloux à l'école (ll. 14–35).

1. Quels sont les deux premiers événements associés à l'évocation de la petite Bouilloux?
2. Pourquoi est-ce que la petite Bouilloux a fait scandale le jour de sa première communion?
3. A quel âge est-ce qu'elle a quitté l'école?
4. Qu'est-ce qu'elle a fait ensuite?
5. Relevez les détails qui montrent que son comportement est différent de celui des jeunes de son âge.

III. Transformation de la petite Bouilloux (ll. 36–49).

1. Décrivez les changements dans l'apparence de Nana Bouilloux après qu'elle a quitté l'école.
2. Quelle est la réaction de ses anciennes compagnes de classe?

IV. Conversation entre la mère et la fille (ll. 50–74).

1. Sur quel ton est-ce que la narratrice décrit Nana à sa mère?
2. Sur quel ton est-ce que la mère répond?
3. Finissez la phrase dite par la narratrice à la ligne 56: «Est-ce que je ne pourrais pas . . .».
4. La mère dit que le chignon, le tablier court et la jupe longue «c'est l'uniforme de toutes les petites Bouilloux du monde, à treize ans» (ll. 60–61). De quoi d'autre est-ce que cet uniforme se compose?
5. Quand la mère parle de cet «uniforme» (l. 58), qu'est-ce qu'elle dit indirectement? Qui sont ces «petites Bouilloux du monde»? Quel destin les attend, selon elle?
6. La mère dit que «C'est à choisir!» (l. 74). Selon elle, entre quoi et quoi est-ce que sa fille doit choisir?

V. Nouvelle description de Nana Bouilloux (ll. 75-99).

1. Quel est le sentiment dominant de cette description?
2. Selon la narratrice, quel avenir est-ce que Nana Bouilloux mérite? Pourquoi?
3. Comment est-ce que la «voix publique» jugeait la petite Bouilloux lorsqu'elle avait 15 et 16 ans?
4. Qu'est-ce que la petite Bouilloux a commencé à faire à l'âge de 17 ans? Comment est-ce qu'elle se comportait avec les hommes?
5. A votre avis, qu'est-ce qui lui arrivera?

VI. Le bal (ll. 100–127).

1. Que suggère la description des danseurs (ll. 100–106)?
2. Que suggère la description de Nana dans ce contexte?

3. Quelle est l'attitude des deux Parisiens au début? Et quand ils aperçoivent Nana Bouilloux?

4. Quelle a été l'attitude de Nana après le départ des Parisiens? Est-ce que nous savons ce qu'elle a pensé? Est-ce que nous pouvons le deviner?

5. Imaginez la fin de l'histoire.

VII. L'attente du prince charmant (ll. 128–148).

1. Qu'est-ce que la première phrase de cette partie suggère?

2. Pourquoi les hommes que Nana a refusés après le bal ont-ils été particuliè-rement «blessés»? Comment expliquent-ils son refus? Ont-ils raison?

3. «Mais rien n'arriva à la petite Bouilloux, ni **cela** ni **autre chose**.» (ll. 137–138). Que signifie «cela»? Quelle «autre chose» aurait pu arriver à Nana?

4. Pourquoi est-ce que Nana refusait les offres de mariage avantageuses?

VIII. Epilogue (l. 149 jusqu'à la fin)

1. Quel âge avait Nana lorsque la narratrice l'a revue? Quel âge semblait-elle avoir? Qu'est-ce qui avait changé dans son apparence?

2. Qu'est-ce que les dernières lignes du texte suggèrent?

Interprétation

Relisez le texte en entier, puis répondez aux questions suivantes:

1. Relevez dans le texte des détails qui indiquent **l'isolement** de Nana Bouilloux.

2. Qu'est-ce qui l'isole?

3. Comment définiriez-vous l'attitude de la narratrice envers Nana (a) au début, (b) à la fin? Est-ce que cette attitude a changé?

4. Finalement, est-ce que Nana Bouilloux a suivi le destin de «toutes les petites Bouilloux du monde»? Relevez dans les différentes parties du texte les détails qui suggèrent que ce destin semble devoir se réaliser.

5. Selon vous, est-ce que Nana nous est présentée comme une héroïne et un modèle ou une victime (ou les deux)?

6. Comment comprenez-vous cette phrase (ll. 138–140): «Elle attendait, touchée d'une foi orgueilleuse, consciente de ce que lui devait un hasard qui l'avait trop bien armée.»?

7. Est-ce que ce texte contient des jugements implicites? Sur qui? Sur quoi? Relevez les détails qui constituent une satire sociale.

8. Est-ce que la fin contient une morale, un peu comme une fable, bien qu'elle ne soit pas clairement formulée?

9. Comment expliquez-vous le destin de Nana Bouilloux?

10. Si vous aviez été à la place de Nana, qu'est-ce que vous auriez fait? Pensez-vous que Nana ait eu raison d'attendre?

11. Cette histoire a été écrite il y a plus de 70 ans. A votre avis, est-ce qu'elle est toujours actuelle? Est-il concevable d'attendre le «prince charmant» aujourd'hui?

12. A votre avis, la beauté est-elle un important facteur de réussite dans la société actuelle? Pourquoi?

13. Avez-vous le sentiment de vivre dans une société où la différence entre les classes est très marquée? Justifiez votre point de vue.

Style et langue

A. Adjectifs et images descriptifs

Le style de Colette est remarquable par l'abondance des adjectifs et des images qui évoquent des impressions de couleurs, de parfums, de sensations, etc.

Regardez les lignes 1 à 13 et faites la liste des adjectifs et images qui s'y trouvent. Quelles sont les impressions dominantes qu'ils suggèrent?

Faites le même travail sur les lignes 75 à 87.

B. Le passage du temps

En quelques pages, Colette évoque presque quarante ans d'une vie. Elle le fait de manière remarquablement économique.

Relevez les expressions au début de certains paragraphes qui rendent compte de l'évolution du temps et qui renforcent l'idée d'une progression vers un destin.

Activités

1. Faites le portrait d'une personne dont vous êtes amoureux/euse pour un(e) ami(e) qui ne l'a jamais rencontré(e). Employez le plus de termes possibles tirés du texte.

2. Cette histoire présente des ressemblances avec celle de Cendrillon. Racontez l'histoire de Cendrillon, mais en lui donnant la fin choisie par Colette.

3. Dramatisation. Transformez la scène du bal en une courte scène dialoguée entre les personnages suivants: Nana, une amie, les deux Parisiens, le pharmacien, l'ébéniste, le fils Leriche, Houette et deux vieilles personnes du village qui regardent et commentent dans un coin.

4. Imaginez que vous apprenez qu'une firme refuse de prendre quelqu'un à son service pour des raisons d'apparence physique. Exprimez vos réactions.

Intertextualité

Thèmes:	La petite ville française	Bosco, *L'Enfant et la rivière* (12)
	L'Autre différent	Baudelaire, «L'Etranger» (18)
		Susini, *Plein Soleil* (17)
	L'attente de l'amour	Bille, «Vendanges» (11)
	Mère et fille	Susini, *Plein Soleil* (17)

Biographies

BAUDELAIRE, Charles (1821–1867). L' uvre principale de ce grand poète français, *Les Fleurs du mal* (1857), a beaucoup influencé la poésie moderne. Ses *Petits Poèmes en prose* (1869) constituent une tentative originale pour adapter la prose à l'émotion poétique, «aux mouvements lyriques de l'âme».

BILLE, Corinna (1912–1979). Ecrivaine suisse, elle a passé son enfance dans le Valais. Elle a écrit une vingtaine de livres (nouvelles et romans) dans lesquels on entend une voix fémi-nine très personnelle et très forte.

BOSCO, Henri (1888–1976). Romancier et poète français né en Provence, il est très attaché à la Méditerranée. Dans son œuvre on trouve à la fois des éléments réalistes et fantastiques. Son roman le plus connu est *Le Mas Théotime* (1945).

CAYROL, Jean (1911). Romancier et poète français, il est également l'auteur d'essais et de deux scénarios de films tournés par Alain Resnais, *Nuit et brouillard et Muriel*.

COLETTE, Sidonie Gabrielle (1873–1954). Romancière française, elle a quitté sa province na-tale, la Bourgogne, pour épouser un auteur parisien mondain. Elle a publié de nombreux romans parmi lesquels la série des *Claudine* (1900–1903),
La Vagabonde (1910) et *Chéri* (1920). *La Maison de Claudine* (1922) et *Sido* (1930) sont deux romans inspirés par sa jeunesse et écrits en hommage à sa mère, Sido. Plusieurs de ses uvres ont été adaptées au cinéma, en particulier le célèbre «Gigi» (1943).

DADIE, Bernard (1916). Ecrivain africain, il a été ministre des Affaires culturelles en Côte d'Ivoire. Il est l'auteur de romans, de nouvelles et de chroniques écrites pendant des séjours dans divers pays, en particulier à Paris (*Un Nègre à Paris*, 1959). Il a également publié de la poésie et une pièce de théâtre, *Béatrice du Congo* (1970).

DESNOS, Robert (1900–1945). Poète français mort dans un camp de concentration, il a ap-partenu au groupe des poètes surréalistes. Ses recueils (notamment *La Liberté ou l'Amour*, 1927, et *Corps et Biens*, 1930) sont pleins d'humour, de fantaisie et de lyrisme.

DIOP, Birago (1906). Ecrivain sénégalais, il a été très lié aux poètes noirs Léopold Senghor et Aimé Césaire, pendant qu'il faisait ses études de vétérinaire à Paris. Ses *Contes d'Amadou Koumba* (1942), son recueil poétique, *Leurres et lueurs* et ses *Contes et lavanes* sont inspirés par la tradition orale africaine.

ELUARD, Paul (1895–1952). Poète français, il a été associé au surréalisme (*Capitale de la douleur*, 1926, et *L'Amour, la poésie*, 1929). Son amour pour Nush, rencontrée en 1929, a été à l'origine de quelques-uns de ses plus beaux poèmes (*Les Yeux fertiles*, 1936). Son anti-fascisme et son amour de la liberté et de la justice s'expriment dans sa poésie, surtout à partir de la Deuxième Guerre mondiale.

JOUHANDEAU, Marcel (1888–1979). Romancier français, il avait d'abord pensé être prêtre. Il est l'auteur d'une œuvre abondante qui comprend en particulier ses *Chroniques maritales* (1935–1938) dans lesquelles il évoque ses relations souvent difficiles avec sa femme Elise.

LE CLEZIO, Jean-Marie (1943). De mère française et de père anglais, il a connu le succès avec son roman *Le Procès-verbal* (1966). Depuis, il a publié des nouvelles et des récits ainsi que des essais au ton très personnel, très remarqués par les critiques littéraires.

MICHAUX, Henri (1899–1984). Poète d'origine belge, il a écrit une œuvre originale inspirée du surréalisme. Il était aussi dessinateur et peintre.

PRASSINOS, Gisèle (1920). Née à Istamboul de parents grecs, elle est venue en France en 1922. Découverte par André Breton et ses amis surréalistes en 1934, elle a publié de nombreux textes surréalistes jusqu'en 1940. Après la guerre, elle a écrit des romans poétiques (*Le Grand Repas*, 1966), des poèmes et textes en prose à mi-chemin entre le surréalisme et l'absurde.

REDONNET, Marie (1948). Née à Paris, elle a publié des poèmes et des nouvelles, ainsi qu'une trilogie où l'on trouve les thèmes qui lui sont chers, la pureté au milieu d'un univers qui se décompose (*Splendid Hotel, Forever Valley* et *Rose Melie Rose*, 1986–1987).

RIMBAUD, Arthur (1854–1891). L'un des poètes français les plus doués et les plus influents «Le Bateau ivre», poème très souvent cité, se présente comme une allégorie du dangereux voyage intérieur du poète aux sources de la poésie. Ses *Illuminations* seront suivies d'*Une Saison en enfer* (1873), autobiographie en prose poétique qui précède son départ pour l'Afrique où il cesse d'écrire des poèmes.

ROBBE-GRILLET, Alain (1922). Ecrivain français qui a d'abord commencé une carrière d'agronome et qui est devenu l'un des représentants du groupe appelé «Les Nouveaux Romanciers». Il a écrit un essai devenu célèbre (*Pour un nouveau roman*, 1964), des romans (*Les Gommes*, 1953, *Le Voyeur*, 1955) et des scénarios (*L'Année dernière à Marienbad*, 1961). Il a également tourné ses propres films.

SALLENAVE, Danièle (1940). Romancière française, elle a obtenu le prix Renaudot pour *Les Portes de Gubbio* en 1980. La critique littéraire a très bien accueilli son recueil de nouvelles, *Un Printemps froid* (1986). Elle a aussi écrit des pièces de théâtre, auxquelles ses *Conversations conjugales* ressemblent.

SUSINI, Marie. Née en Corse entre les deux guerres, elle est l'auteur de sept romans et d'une pièce de théâtre. *Plein Soleil* est son premier roman (1953). Elle a également écrit le texte d'un livre sur la Corse illustré de photographies de Chris Marker, *La Renfermée, la Corse* (1981).

VIGNEAULT, Gilles (1928). Poète et conteur québécois, il est devenu l'un des principaux auteurs de chansons du Canada. L'amour, le pays et la mer sont les thèmes de ses chansons populaires. «Mon Pays» a remporté le Prix international de la chanson en 1965.

Le passé simple

The **passé simple**, called the «simple past», the «past historic», or the «preterit» tense in English, is found mainly in literary or historical texts. It is the verb tense used for a completed action. In spoken French and in informal written French as in letters, the **passé composé** is used.

Le passé simple	Le passé composé
elle parla	elle a parlé
elle ne parla pas	elle n'a pas parlé
elles arrivèrent	elles sont arrivées
elles n'arrivèrent pas	elles ne sont pas arrivées

Recognizing the forms of the **passé simple** is a necessary reading strategy. This tense is most frequently used in the third person (*il, elle, on, ils, elles*).

Regular Verbs

	parl*er*	**fin*ir***	**répond*re***
je	parl**ai**	fin**is**	répond**is**
tu	parl**as**	fin**is**	répond**is**
il/elle/on	parl**a**	fin**it**	répond**it**
nous	parl**âmes**	fin**îmes**	répond**îmes**
vous	parl**âtes**	fin**îtes**	répond**îtes**
ils/elles	parl**èrent**	fin**irent**	répond**irent**

Irregular Verbs

The *passé simple* of irregular verbs often ends in **-us, -us, -ut, -ûmes, -ûtes, -urent.**

	avoir		**être**
j'	**eus**	je	**fus**
tu	**eus**	tu	**fus**
il/elle/on	**eut**	il/elle/on	**fut**
nous	**eûmes**	nous	**fûmes**
vous	**eûtes**	vous	**fûtes**
ils/elles	**eurent**	ils/elles	**furent**

	disparaître		**recevoir**
je	dispar**us**	je	reç**us**
tu	dispar**us**	tu	reç**us**
il/elle/on	dispar**ut**	il/elle/on	reç**ut**
nous	dispar**ûmes**	nous	reç**ûmes**
vous	dispar**ûtes**	vous	reç**ûtes**
ils/elles	dispar**urent**	ils/elles	reç**urent**

INFINITIF	PASSE SIMPLE	INFINITIF	PASSE SIMPLE
aller	il/elle alla	naître	il/elle naquit
s'asseoir	il/elle s'assit	offrir	il/elle offrit
boire	il/elle but	paraître	il/elle parut
conduire	il/elle conduisit	partir	il/elle partit
connaître	il/elle connut	plaire	il/elle plut
conquérir	il/elle conquit	pleuvoir (il pleut)	il plut
courir	il/elle courut	pouvoir	il/elle put
craindre	il/elle craignit	prendre	il/elle prit
croire	il/elle crut	rejoindre	il/elle rejoignit
devoir	il/elle dut	savoir	il/elle sut
dire	il/elle dit	servir	il/elle servit
écrire	il/elle écrivit	suivre	il/elle suivit
éteindre	il/elle éteignit	tenir	il/elle tint
faire	il/elle fit	vaincre	il/elle vainquit
falloir (il faut)	il fallut	valoir (il/elle vaut)	il/elle valut
lire	il/elle lut	venir	il/elle vint
mettre	il/elle mit	vivre	il/elle vécut
mourir	il/elle mourut	voir	il/elle vit
		vouloir	il/elle voulut

NOTE: To help you learn to recognize the *passé simple*, we have included with the text «Ist et Irt» (3) a familiarization strategy. For the texts in *Discours Imaginaires*, you will find in the marginal notes the corresponding infinitive of the verbs in the *passé simple*.

Le subjonctif

A. The use of the subjunctive is obligatory in certain grammatical constructions in French. It is used in clauses introduced by **que . . .**

   1. after expressions of:

OBLIGATION	**(il faut que ...**
WILL	**(je veux que ...)**
DOUBT	**(je doute que ...)**
EMOTION	**(je suis content/e que ...)**
OPINION	**(il est important que ...)**

   2. after conjunctions such as **bien que** (*although*), **avant que** (*before*), **pour que** (*in order that*), **sans que** (*without*), etc.

B. There are four tenses of the subjunctive:

PRESENT	IMPERFECT
PERFECT	PAST-PERFECT

Because the forms of the Imperfect and the Past-perfect subjunctive are complex and dissonant, these tenses have mosfly disappeared in contemporary French usage where they are replaced by the Present and the Perfect subjunctive. However, you need to be able to recognize the forms of all four tenses in order to read literary texts.

The Present Subjunctive

The verb endings are **-e, -es, -e, -ions, -iez, -ent.** They are added to a form of the verb based on the third person plural present indicative:

(ils) **parl**ent   (ils) **finiss**ent   (ils) **répond**ent

Regular verbs

parler	**finir**	**répondre**
que je parl**e**	que je finiss**e**	que je répond**e**
que tu parl**es**	que tu finiss**es**	que tu répond**es**
etc.	etc.	etc.

Irregular verbs

Most irregular verbs follow the same pattern:

dire	**prendre**	**venir**
que je dise	que je prenne	que je vienne

Other irregular verbs

aller:	que j'aille
faire:	que je fasse
pouvoir:	que je puisse
savoir:	que je sache
vouloir:	que je veuille

	avoir		**être**
que j'	**aie**	que je	**sois**
que tu	**aies**	que tu	**sois**
qu'il/elle/on	**ait**	qu'il/elle/on	**soit**
que nous	**ayons**	que nous	**soyons**
que vous	**ayez**	que vous	**soyez**
qu'ils/elles	**aient**	qu'ils/elles	**soient**

The Perfect Subjunctive

It is similar to the *passé composé* (**elle a parlé; elle est arrivée**), except that the auxiliary verb **avoir** or **être** takes the form of the present subjunctive.

parler	**finir**	**répondre**
qu'elle **ait** parlé	qu'elle **ait** fini	qu'elle **ait** répondu

arriver	**partir**	**venir**
qu'elle **soit** arrivée	qu'elle **soit** partie	qu'elle **soit** venue

The Imperfect Subjunctive

	parler	**finir**	**répondre**
que je	parl**asse**	fin**isse**	répond**isse**
que tu	parl**asses**	fin**isses**	répond**isses**
qu'il/elle/on	parl**ât**	fin**ît**	répond**ît**
que nous	parl**assions**	fin**issions**	répond**issions**
que vous	parl**assiez**	fin**issiez**	répond**issiez**
qu'ils/elles	parl**assent**	fin**issent**	répond**issent**

	avoir		**être**
que j'	**eusse**	que je	**fusse**
que tu	**eusses**	que tu	**fusses**
qu'il/elle/on	**eût**	qu'il/elle/on	**fût**
que nous	**eussions**	que nous	**fussions**
que vous	**eussiez**	que vous	**fussiez**
qu'ils/elles	**eussent**	qu'ils/elles	**fussent**

The Past-Perfect Subjunctive

It is similar to the Past-perfect indicative (**elle avait parlé; elle était arrivée**), except that the auxiliary verb **avoir** or **être** takes the form of the Imperfect subjunctive.

parler	**finir**	**répondre**
qu'elle **eût** parlé	qu'elle **eût** fini	qu'elle **eût** répondu

arriver	**partir**	**venir**
qu'elle **fût** arrivée	qu'elle **fût** partie	qu'elle **fût** venue

NOTE: When the Imperfect and the Past-perfect subjunctive forms appear in the reading passages, the corresponding form of the Present or the Perfect subjunctive, indicated by the sign (*subj.*), is given in the marginal notes.

APPENDICE IV

Termes littéraires

conte *m.* story, tale
dénouement *m.* ending
discours *m.* discourse; speech
enjambement *m.* run-on line
essai *m.* essay
fable *f.* fable
histoire *f.* story, tale
intrigue *f.* story line
ironie *f.* irony
merveilleux *m.* (the) marvelous, (the) fantastic
mythe *m.* myth
nouvelle *f.* short story
parabole *f.* parable
personnage *m.* character
pièce *f.* play

poème *m.* poem
poésie *f.* poetry
récit *m.* story
rime *f.* rhyme
roman *m.* novel
satire *f.* satire
scénario *m.* script
sens *m.* meaning
—allégorique allegorical
—figuré figurative
—mythique mythical
—propre literal
—symbolique symbolical
strophe *f.* stanza
vers *m.* line (of a poem or a song)

Glossaire

The glossary does not contain cognates, basic vocabulary items, and words that have been translated in the footnotes. The equivalents given here are appropriate for the specific texts in *TRANSITION: Découverte du texte littéraire*. They are not necessarily the most common or the only equivalents for these words.

Abbreviations used in the glossary

coll.	colloquial
inf.	infinitive
past part.	past participle
pej.	pejorative
pres. part.	present participle
sl.	slang

s'abattre to swoop down
abîmer to damage
s'abîmer to sink; to get damaged
accablé/e overwhelmed
accorder to grant
s'accorder avec to agree with
accoudé/e (sur) with elbows resting (on)
accourir to come running
accrocher to hang
accueil *m.* welcome
accueillir to welcome
achat *m.* purchase
acquéreur *m.* buyer
acquérir (*past part.* **acquis/e**) to acquire
actualité *f.* current events
advenir to happen
aéré/e airy, open
affaire(s) *f.* matter; business
   tirer quelqu'un d'affaire to help someone out
s'affairer to busy oneself
affolé/e panic-stricken
agencé/e arranged
s'agenouiller to kneel down
agir to act

il s'agit de it is a question of, it is about
agronome *m.* agronomist
s'ahurir to be amazed
ahurissement *m.* amazement
aiguiser to sharpen
aile *f.* wing
ailleurs elsewhere
d'ailleurs moreover, in addition
aise *f.* ease
   être tout aise de to be content with
aisément easily
algue *f.* seaweed
allées et venues *f. pl.* comings and goings
s'en aller to leave
allure *f.* speed; appearance
alors que when; whereas
alourdi/e heavy, weighed down
amaigri/e thinner
amant *m.* (17th cent.) suitor
amas *m.* pile
âme *f.* soul
amène affable
s'amener (*coll.*) to come

amer/ère bitter
s'amenuiser to become smaller
amour-propre *m.* pride
amoureux *m.* boyfriend
anéantir to destroy utterly
angoisse *f.* anguish
anse *f.* cove
antérieur/e previous
apercevoir to notice
   s'apercevoir de to realize, to under
    stand
apeuré/e frightened
apparaître to appear
appartenir to belong
apprentissage *m.* apprenticeship
s'apprêter à to get ready to
âpre harsh
arpenter to walk up and down
arracher to pull out
assagi/e calmer, wiser
assaisonné/e seasoned
assistance *f.* audience
s'assombrir to become dark
atelier *m.* workshop; studio
s'attendre à (quelque chose) to expect
   something
atteindre to reach, to attain
attenant à next to, adjoining
attente *f.* expectation; waiting period
attirer to attract
attiser to stir up
aube *f.* dawn
aumône *f.* alms
autant as many as
autel *m.* altar
auteur *m.* author
autochtone *m.* native
autrefois previously, in the past
autrement differently
avaler to swallow
avare miserly
averse *f.* (rain) shower
aveugle blind
avide eager
s'aviser de to realize suddenly

baigner to bathe
bain *m.* bath
baisser to lower
baliverne *f.* senseless talk

banc *m.* bench
banc *m.* **de poissons** school of fish
bande *f.* group
banquier *m.* banker
baptiser to baptize
barbiche *f.* goatee
barbu bearded
bariolé/e many-colored
barque *f.* rowboat
bas/basse low
basculer to fall over
bâtir to build
bavure *f.* smudge
bec *m.* beak
bée gaping, wide open
   bouche bée with mouth wide open (in
    wonder
bedonnant/e potbellied
bercer to rock
besoin *m.* need
bêtise *f.* stupidity
bien *m.* good; properry
billet *m.* banknote
blanchâtre whitish
blême pale
blesser to hurt, to injure
blessure *f.* wound
bock *m.* glass of beer
bœuf *m.* ox
boîte *f.* box; can
bol *m.* bowl, mug
bondir to bounce
bord *m.* edge
  au bord de on the edge of
bordé/e de lined with
borné/e bordered; dull-witted
bouche *f.* mouth
   bouche bée with mouth wide open (in
    wonder)
bouclé/e curly
bouger to move
bougie *f.* candle
bougon/ne sulky
bouillant/e boiling
bouilloire *f.* kettle
bouillonner to bubble
boulot *m.* (*coll.*) job
bourdonner to buzz
bout *m.* end
braise *f.* embers

braquer to aim at
bras *m.* arm
  rester les bras croisés not to do anything
brassée *f.* armful
bride *f.* bridle
brindille *f.* twig
se briser to break, to shatter
brouillé/e blurred, mixed
broussailles *f. pl.* brushwood
bruissement *m.* crunching, rustling
brûler to burn
à brûle-pourpoint point-blank
brume *f.* haze
brusquement suddenly
but *m.* goal
buvette *f.* refreshment stall

cabane *f.* cabin, hut
cacher to hide
en cachette secretly
caillou *m.* small stone
campagne *f.* countryside, country
carapace *f.* shell
à carreaux *m. pl.* check
se carrer dans to settle comfortably in
carrure *f.* breadth of shoulders
carton *m.* cardboard
casque *m.* helmet
cécité *f.* blindness
céder to yield
ceindre (*past part.* **ceint/e**) to gird
certes certainly
chaleur *f.* heat
chance *f.* luck
chape *f.* cape
charge *f.* load
charger to load
charnu/e fleshy
châtain/e chestnut brown
château *m.*, **féodal** feudal castle
chemin *m.* path
cheminée *f.* chimney; fireplace
chétif/ive puny
chevelure *f.* hair
chevet *m.* bedhead, bedside
cheveux *m. pl.* hair
chèvre *f.* goat
chiche paltry
chichement meagerly

chiffre *m.* number
en chœur *m.* as one
chopine *f.* bottle
chrétien *m.*, **chrétienne** *f.* Christian
chuchoter to whisper
cil *m.* eyelash
ciller to blink
cime *f.* top, crest
circuler to walk around
ciseaux *m. pl.* scissors
citer to quote
clarté *f.* light
cloche *f.* bell
clocher *m.* steeple
clos *m.* enclosed yard, orchard
clou *m.* nail
cocher *m.* coachman
se cogner to bump into
coiffé/e de wearing on his/her head
  bien coiffé/e well coiffed
colline *f.* hill
colon *m.* colonist, settler
commis *m.* assistant
commissaire (de police) *m.* equiv. of a police captain
compagne *f.* companion
compassé/e stuffy
comportement *m.* behavior
comprendre to understand; to include
compter to count; to number; to intend
comptoir *m.* counter
confectionner to make
confiance *f.* confidence; trust
  être en confiance to feel comfortable
conforme identical, similar
confus/e flustered; unclear
conjurer to exorcise
connaissance *f.* acquaintance
conscience *f.* consciousness; conscience
  prendre conscience de to become aware of
conseil *m.* advice
conserver to keep
consommateur *m.*, **consommatrice** *f.* consumer
consommation *f.* consumption
constater to notice
consterné/e dismayed
construire (*past part.* **construit/e**) to build

contagion *f.* contagiousness
contemporain/e contemporary
conteur *m.* story teller
contrarier to upset
convaincre (*past part.* **convaincu/e**) to convince
convenir à to be suitable to
convoitise *f.* envy
corné/e hornlike
cossu/e well-off, rich
côté *m.* side
côte à côte side by side
cou *m.* neck
couchant *m.* West
couloir *m.* corridor, hall
coup *m.* blow, strike
  coup de cloche ring of a bell
  d'un seul coup all at once
coupe *f.* cut
couper to cut
  à couper au couteau extreme, oppressive
couperosé/e blotchy
cour *f.* courtyard
au courant informed
courant *m.* **d'air** draft
courbe *f.* curve
coureur *m.* **des bois** someone who loves to roam the woods
courir to run
couronne *f.* crown
couronné/e crowned
au cours de during
en cours in the process; under way
course *f.* race; shopping
court/e short
courtisé/e courted
couteau *m.* knife
coutume *f.* custom
  de coutume customarily
couture *f.* sewing; seam
couvent *m.* convent
couver to smoulder
craindre to fear
cravate *f.* necktie
crèche *f.* nativity scene
crédule gullible
crépelure *f.* frizzy hair
creuser to hollow out, to dig
creux/euse hollow

crique *f.* small bay
crispé/e tense
critique *f.* criticism
crochet *m.* hook
  faire un crochet to deviate
croiser to cross
croquer to crunch
cueillir to pick
cuire (*pres. part.* **cuisant**; *past part.* **cuit/e**) to cook
culotte *f.* shorts
cuvette *f.* basin

davantage more
débaptiser to rename
se débarrasser de to get rid of
déboucher to open (a bottle)
  déboucher sur to arrive at
décevoir (*pres. part.* **décevant**; *past part.* **déçu/e**) to disappoint
déchirer to tear
déchirure *f.* tear, rip; wound
découvrir to discover
décrire to describe
dédaigner to scorn
dédaigneux/euse disdainful
défaut *m.* fault, defect
défendre to forbid
déferler (waves) to break
défiler to go by
se dégager to appear; to free oneself
dégoutter to drip
délavé/e faded
délivrer to free
démarche *f.* gait, walk
démesuré/e oversized
démesurément excessively
demeure *f.* dwelling, lodging
demi *m.* (beer) half pint
à demi half
démolir to demolish, to tear down
dent *f.* tooth
  à belles dents with a hearty appetite
dénudé/e bare, naked
dénuement *m.* destitution
dépense *f.* expense
se déplacer to move
dépourvu de without, devoid of
dérangement *m.* disturbance
déranger to disturb, to inconvenience

dérision *f.* mockery
dès from the time of
dès que as soon as
dès lors from that moment
désolé/e sorry, sad
désormais henceforth
dessécher to dry up
dessinateur *m.*, **dessinatrice** *f.* sketcher, draftsperson
détacher to untie, to unleash
dételer to unharness
détourner to turn away
deviner to guess
dévisager to stare at
devise *f.* motto
dévoiler to unveil
diable *m.* devil
diocèse *m.* diocese
dire to say, tell
cela ne me dit rien I don't feel like it
disparaître to disappear
distraction *f.* absent-mindedness
distrait/e absent-minded
divertissement *m.* entertainment
doigt *m.* finger
dompté/e tamed
doré/e gilded
dos *m.* back
doucement slowly; softly
douceur *f.* softness
douillet/te cosy
doux/douce soft, gentle
dresser to erect; to train
se dresser to rise
droit *m.* right
dur/e hard
durcir to harden
durer to last
duvet *m.* down

ébloui/e dazzled
écailleux/euse scaly
écarquiller to open wide
à l'écart de away (from)
écarté/e apart
s'écarter to move away; to come open
échappé *m.* fugitive
échapper à to escape
éclair *m.* flash
éclatant/e brilliant; dazzling

éclater to burst
s'éclipser to disappear
écraser to crush
s'écrier to exclaim
écrivain *m.*, **écrivaine** *f.* writer
écume *f.* foam
effacé/e erased; withdrawn
effacer to erase, to wipe out
effets *m. pl.* clothes
effigie *f.* image
effleurer to brush by
effondrement *m.* caving in
effrayant/e frightening
effrayé/e terrified
effronté/e cheeky
égal/e equal; regular
également equally, also
élan *m.* eagerness
s'élancer to rush
élevé/e raised, high
bien élevé/e well-bred, polite
s'éloigner to move away
s'émietter to crumble
emmener to take
s'emmitoufler to wrap oneself up
s'emparer de to take hold of
emplir to fill
emporte-pièce *m.* (tool) punch
découpé/e à l'emporte-pièce punched out
s'emporter to lose one's temper
empreinte *f.* print, imprint
empressement *m.* haste
emprunter to borrow; to use (path, road)
encadrer to frame; to surround
enchaîner to bind, to enslave; to put in chains
endormi/e asleep
endroit *m.* place
énervé/e on edge
s'énerver to become irritated
enfermer to lock up
enflammer to irritate, to inflame
s'enfler to swell
s'enfoncer to sink into
enfoui/e buried
s'enfuir to flee
s'engloutir to sink
enjambée *f.* step
ennuyer to worry; to upset

s'ennuyer to be bored
enquête *f.* inquiry, investigation
s'enquérir to ask, to inquire
enrubanner to wrap/decorate with ribbons
entamer to begin
enterrer to bury
entonner to strike up a tone
entouré/e de surrounded by
entraîner to cause; to drag along; to train
s'entraîner à to practice
entrecoupé/e de interspersed with
s'entretenir avec to speak with
entretien *m.* conversation, discussion
s'entrouvrir to partly open
environ approximately
s'envoler to take flight; to fly away
épicier *m.* grocer
épier to watch, to spy upon
épouser to marry
épouvante *f.* fright
éprouver to feel, to experience
épuré/e refined
équilibrer to balance
errer to wander
escarpé/e steep
espace *m.* space
espèce *f.* kind, species
espoir *m.* hope
essai *m.* trial
établissement *m.* place of business (restaurant, bar, etc.)
étage *m.* floor, storey
à l'étage upstairs
s'étager to tier up
s'étaler to spread
étape *f.* stage
état *m.* state, condition
s'éteindre (light) to go out
étoffe *f.* fabric
étoile *f.* star
étonnamment surprisingly, astonishingly
étonnement *m.* surprise, astonishment
étonner to surprise, to astonish
étouffer to stifle
étranger/gère foreign
étrangeté *f.* strangeness
étrangler to strangle
étreindre (*pres. part.* **étreignant;** *past part.* **étreint/e)** to seize, to embrace
étroitement narrowly, closely

évanoui/e unconscious, fainted
événement *m.* event
éventail *m.* fan
s'éventer to fan oneself
exiger to demand
expliquer to explain
exposition *f.* exhibition
exprimer to express
extase *f.* ecstasy
exténué/e worn out, exhausted
extrait *m.* extract, excerpt

fâché/e irritated, angry
se fâcher to become angry
fade tasteless, dull
faillir + *inf.* almost + *verb*, to come near to + *verb*
faire to do; to make
  cela ne fait rien it is not important
  bien faire de to do well to
  en faire autant to do likewise
  être fait to be in for it
fait *m.* fact
fait *m.* **divers** news item
falaise *f.* cliff
falloir (il a fallu) to be necessary
fantaisie *f.* originality; little extravagance
se faufiler to sneak into
fauteuil *m.* armchair
faux/fausse false, fake
feindre to pretend
fêlé/e cracked
feu *m.* fire
feuillage *m.* foliage
feuille *f.* sheet (of paper); leaf
fichu *m.* shawl
fidèle faithful
fier/ère proud
fierté pride
figé/e frozen
filer to escape; to slip away
fillette *f.* little girl
flairer to sniff
flambée *f.* blaze, fire
flétri/e withered
florissant/e flourishing
flot *m.* water, wave
foi *f.* faith
  ma foi my word
fois *f.* time
  à la fois both

foncé/e dark
fond *m.* bottom
  au fond basically
fondant/e soft (melting in one's mouth)
fonder to found
se fondre to fuse, to merge
à force de as a result of
forcément necessarily
foule *f.* crowd
foyer *m.* hearth
frais/fraîche fresh
franchir to step over; to cross
frangé/e bordered
frémir to tremble
frémissement *m.* swirling; trembling
frisé/e curly
frissonner to tremble
front *m.* forehead
fugace fleeting
fuir to flee
fuite *f.* flight
  en fuite fleeing
fumée *f.* smoke
au fur et à mesure progressively

gagner to earn; to win; to seize; to reach
gambader to gambol, to skip about
garder to guard; to keep
garnement *m.* rascal
gâté/e spoiled
geler to freeze
gémir to groan; to lament
gémissement *m.* lament
gêner to hamper
genou *m.* knee
genre *m.* appearance; type
  bon genre distinguished looking
  du genre of that kind
geste *m.* gesture
glabre closely shaved
glacé/e frozen
glaïeul *m.* gladiola
glisser to slip, to slide
gluant/e sticky
gonflement *m.* swelling
gorge *f.* throat; bosom
goût *m.* taste
goûter to taste
goutte *f.* drop
gracile slender
gras fat

gravir to climb
gravier *m.* pebbles
gravure *f.* engraving
gré *m.* liking
  de bon/mauvais gré willingly/unwill-ingly
  savoir gré à to be grateful to
grelotter to shiver
grève *f.* beach
grisonner to go grey
grogner to grunt
gronder to rumble
ne . . . guère hardly
guerre *f.* war
guetter to watch

habile clever
habits *m.* clothes
haine *f.* hatred
haïr to hate
hâlé/e suntanned
haletant/e breathless
hanche *f.* hip
hardiesse *f.* daring
hargneux/se snappy, aggressive
hasard *m.* chance
en hâte hastily
hennissant/e neighing
héritage *m.* inheritance, legacy
heurter to bump into
histoire *f.* history; story
honte *f.* shame
  avoir honte to be ashamed
hormis besides, except
hôte *m.* host; guest
houle *f.* swell (of the sea)
huile *f.* oil;
humeur *f.* mood
  de bonne/mauvaise humeur in a good/bad mood
humer to smell; to breathe in

ignorer not to know, to be unaware of
île *f.* island
imprimer to print
à l'improviste unexpectedly
inaltérable that cannot deteriorate, long-lasting
incontesté/e undisputed
infini/e infinite
  à l'infini indefinitely

infirmière *f.* nurse
influent/e influential
injure *f.* insult
inouï/ie unprecedented, unheard of
inquiéter to worry
inscrit/e inscribed
s'installer to settle
à l'instant on the spot
interdit/e forbidden
internat *m.* boarding school
issue *f.* exit; end
ivre drunk
ivoire *m.* ivory

jadis in the past
jaloux/se jealous
jeter un cri to utter a shout
jeu *m.* game; gambling
joue *f.* cheek
joyaux *m. pl.* jewels
juteux/euse juicy

lac *m.* lake
lâcher to let go of, to drop
laiteux/euse milky
lampion *m.* Chinese lantern
lancer to throw
large *m.* open sea
larme *f.* tear
se lasser de to tire of
lécher to lick
lendemain *m.* (the) next day
lever *m.* getting up/out of bed
lèvre *f.* lip
lier to link; to bind
lieu *m.* place
lisière *f.* outskirts
lisse smooth
livré/e à committed to
loger to live
lointain/e remote; ancient
loqueteux/euse in rags
luire to shine

maigre skinny
main *f.* hand
mal *m.* evil
pas mal de (*coll.*) a lot of
maladresse *f.* clumsiness
malfaisant/e evil
malheur *m.* unhappiness; misfortune

malice *f.* mischievousness
malingre sickly
manant *m.* (*pej.*) peasant; lowly creature
manquer (il manque) to lack; to be missing, to miss
manteau *m.* coat
marche *f.* operation; walking
marché *m.* market
en matière de in the area of
mèche *f.* lock (of hair)
méfiance *f.* distrust
meilleur/e better
le meilleur, la meilleure the best
se mêler à to mix with
membres *m. pl.* (**du corps**) limbs (of the body)
de même likewise
mener to conduct; to drive
mensonge *m.* lie
menton *m.* chin
menu/e small
mépris *m.* contempt
merveille *f.* marvel
se mettre à to begin to
meuble loose
mi- half
miel *m.* honey
mieux better
le mieux the best
millier *m.* thousand
mine *f.* appearance
  faire mine de to pretend
minutieux/euse minute, detailed
miroir *m.* mirror
mode *f.* fashion
moindre least
mondain/e worldly; social
montre *f.* watch
moqueur/euse mocking
morceau *m.* piece
mordiller to nibble
mordre to bite
mouiller to moisten, to wet
mousser to foam, to sparkle
mousseux/euse sparkling
moyen *m.* means, way
moyenne *f.* average
muet/te silent, mute
mugir (*pres. part.* **mugissant**) to howl
mur *m.* wall
museau *m.* mouth

musulman/e Moslem

naguère in the past
naissance *f.* birth
narine *f.* nostril
narrateur *m.,* **narratrice** *f.* narrator
natal/e of birth; native
nid *m.* nest
nouer to tie
nourrir to nourish
nu/e naked; bare
nuage *m.* cloud
nue *f.* clouds, sky
nuque *f.* back of the neck

occasion *f.* occasion; opportunity
occupé/e busy, occupied
s'occuper de to take care of
œil *m.* (*pl.* **yeux**) eye
œuvre *f.* work
ombre *f.* shade; shadow
omoplate *f.* shoulder blade
once *f.* ounce
onde *f.* wave
s'opérer to take place
or *m.* gold
orgueil *m.* pride
orgueilleux/euse proud
ourlet *m.* hem; border, rim
outre beside, in addition to
ouvrage *m.* work
ouvragé/e adorned, decorated

paillote *f.* straw hut
paisible peaceful
paix *f.* peace
palper to feel
pancarte *f.* sign
panneau *m.* sign
papillon *m.* butterfly
parcourir to cross; to travel through
parer to decorate
parfois sometimes
parfum *m.* perfume
paroi *f.* wall
partager to share; to divide
parti *m.* match
parti pris *m.* bias, prejudice
à partir de (starting) from
partout everywhere

parvenir to succeed; to reach
pas *m.* footstep; (door) threshhold
passager/ère temporary
passant *m.,* **passante** *f.* passer-by
paume *f.* palm
pêche *f.* fishing; peach
pêcher to fish
pêcher *m.* peach tree
peindre (*past part.* **peint/e**) to paint
à peine scarcely, hardly
peintre *m.* painter
se pencher to lean
pendre to hang
pente *f.* slope
   en pente sloping
perfide treacherous
perte *f.* loss
   à perte de vue as far as the eye can see
peuplier *m.* poplar
phrase *f.* sentence
pierre *f.* stone
pin *m.* pine tree
pire worse
le/la pire the worst
sur place at that very spot
plaie *f.* wound
se plaindre to complain
plaire à to be pleasing to
plaisir *m.* pleasure
planche *f.* board
plat *m.* dish
pleurs *m. pl.* tears
ployer to bend
la plupart *f.* (the) majority
poil *m.* hair
pointu/e pointed
poire *f.* pear
poirier *m.* pear tree
poisson *m.* fish
poissonneux/euse well stocked with
   fish
poitrine *f.* chest
poli/e polite
pompette (*coll.*) tipsy
pondre to lay (egg)
se poster to place oneself
pouce *m.* thumb
poudré/e powdered
pouffer (de rire) to giggle
pourboire *m.* tip
pourri/e rotten

pourtant yet; however
poursuivre to pursue; to continue
pourvoir to provide
pouvoir to be able to
  ne plus en pouvoir to be fed up;
    to be worn out
pré *m.* meadow
précipiter to throw
se précipiter to rush
prendre to take
  s'y prendre to go about some-
    thing
prêt/e ready
prétendre to claim
prêtre *m.* priest
prier to pray
prière *f.* prayer
principe *m.* principle
propriétaire *m.* or *f.* owner, land-
  lord
prosterné/e bowing down
prune *f.* plum
prunelle *f.* (eye) pupil
publier to publish
putain *f.* prostitute

quand même all the same
quasi almost
quérir to fetch
quotidien/ne daily

raccorder to connect
raide straight; upright
raideur *f.* stiffness
railleur/euse mocking
raison *f.* reason
  à plus forte raison all the more
raisonneur *m.* *a*rgumentative person
ralentir to slow down
ramasser to pick up
ramener to bring back
rance rancid
rancunier/ère vindictive
rang *m.* row; rank
rangée *f.* row
ranger to put in order; to put away
rapport *m.* relationship, connection
rapprocher to draw closer
rassurer to reassure
ravi/e delighted

ravisseur *m.* abductor
rayon *m.* ray; (store) department
à la recherche de in search of
reconnaître to recognize
recouvrer to regain
recueillir to gather
recul *m.* moving back; distance
reculer to step back; to hesitate
réduit/e reduced
refroidir to cool
regagner to return to (place)
se régaler to feast on; to enjoy oneself
règle *f.* rule
régler to pay
régner to reign, to rule
reins *m. pl.* loins
rejoindre to join
relever to notice
relever de to derive from; to resemble
se relever to get up again
relier to link, to join
religieuse *f.* nun
reluire (*pres. part.* **reluisant**) to shine
se remettre à to begin again to
remuer to move
rencontrer to meet
se rendre compte to realize, to notice
renoncer à to give up
renouveler to renew; to do again
renseignement *m.* information
renverser to run over; to overturn
se répandre to spread
repartir to start again; to leave again
repousser to push away
reprendre (*past part.* **repris/e**) to continue; to resume
représentation *f.* performance
résonner to sound; to echo
resplendir to shine
ressac *m.* surf
ressembler à to resemble, to look like
rester to remain, to stay
retenir to hold back, to retain
retentir to ring, to sound
en retrait de slightly behind
retraité/e retired
se rétrécir to become smaller
réunion *f.* meeting, gathering
rêve *m.* dream
réveil *m.* alarm clock
rêveur *m.* dreamer

ricaner to snicker
rideau *m.* curtain
rien qu'à + *inf.* simply by
à la rigueur if worse comes to worst; at
   most
ripaille *f.* feasting
rire *m.* laughter
   pour rire not serious
rivage *m.* shore
rive *f.* shore
rôder to lurk around
rougeoyer to redden
ruelle *f.* narrow street

sacristain *m.* sacristan
sagesse *f.* wisdom
saluer to greet
salut *m.* salvation
sanglot *m.* sob
sangloter to sob
saoul/e drunk
sauf (que) except (that)
sauter to jump
sauvage shy
sauver to save
se sauver to flee
savoir (*pres. part.* **sachant**; *past part.* **su**)
   to know
savoir *m.* knowledge
scellé/e sealed
sécher to dry
secouer to shake; to shake off
secourir to help
sens *m.* sense; meaning; direction
   cela tombe sous le sens
      it's obvious
sensé/e sensible
sensiblement roughly, perceptibly
sententieux/euse pompous
sentier *m.* path
serré/e tight
serrer to hold tightly
se serrer to huddle together
serrure *f.* lock
seuil *m.* doorstep
seul/e alone
siècle *m.* century
signe *m.* **de tête** nod
se signer to cross oneself
sillon *m.* furrow
sillonner to sweep through

sinon otherwise
soie *f.* silk
soigneusement carefully
soin *m.* care
somme *m.* nap
sommeiller to sleep
somnambule *m.* or *f.* sleepwalker
songer à to think about
sorcière *f.* witch
sort *m.* fate
de sorte de/que so that
s'en sortir to manage
sou *m.* penny
souci *m.* worry
se soucier de to pay attention to
souffler to blow
soupçonner to suspect
en sourdine with a low, muffled sound
sourire to smile
subit/e sudden
succomber à to fall prey to
suffire to be sufficient, to suffice
suite *f.* follow-up; continuation
suitée (cow) followed by its calf/calves
Sûreté *f.* equiv. of the F.B.I.
surprenant/e surprising
sursauter to be startled
surtout especially
surveiller to watch
en sus in addition
suspendre to hang

tablier *m.* apron
tache *f.* spot, stain
tacher to stain
taille *f.* waist; size; height
se taire (*pres. part.* **taisant**; *past part.*
   tu/e) to be silent
talon *m.* heel
talonner to follow closely
tandis que whereas; while
tant que as long as
tantôt . . . tantôt now . . . then
taper to hit
tartine *f.* slice of bread with jelly
tas *m.* heap, pile
tâtonner to grope
à tâtons gropingly
teindre (*past part.* **teint/e**) to dye
teint *m.* complexion
un tel/une telle so and so

tempe *f.* temple
tendre to stretch out; to hand
ténèbres *f. pl.* darkness
tenir à to be eager to; to be attached to
se tenir to stand; to behave
s'en tenir à to keep to
être tenu/e à/de to be obliged to
tenter to try, to attempt; to tempt
ternir to dull
terrestre earthly
tiédeur *f.* tepidness, warmth
tintement *m.* jingling
tirer to pull, to draw
toile *f.* fabric
toit *m.* roof
trancher to cut
sans trêve without respite
tour *f.* tower
tour *m.* turn
tournure *f.* shape, appearance
tout à coup suddenly
tout de même all the same
tracas *m.* worry
trahir to betray
traîner to drag
trait *m.* feature; line; draft
tribu *f.* tribe
tricot *m.* knitting; sweater
troquer to exchange
trottoir *m.* sidewalk
trou *m.* hole
trouble murky
se trouver to be; to happen

user to wear out

vacarme *m.* din
vache *f.* cow
vague *f.* wave
vaincre (*past part.* **vaincu**) to conquer
vainement in vain
val *m.* small valley
valeur *f.* value

valoir to be worth
  il vaut mieux it is preferable
valser to waltz
veille *f.* (the) day before
veillée *f.* evening
veiller à to see to
veilleuse *f.* night light
velours *m.* velvet
velouté/e velvety, soft
vendange *f.* grape-picking
vengeance *f.* revenge
venger to avenge
se venger to take revenge
venir to come
  à tout venant for anyone
venir de to have just
ventre *m.* stomach, belly
ventru/e big-bellied
vêpres *f. pl.* vespers
verdure *f.* greenery
verger *m.* orchard
verser to pour
se vêtir to dress
vider to empty
vieillir to grow old
vierge virgin
vif/vive lively
vigne *f.* vineyard; vine
virer to turn
visage *m.* face
vitesse *f.* speed
vitre *f.* pane of glass
vivre (*pres. part.* **vivant**; *past part.* **vécu**) to live
vociférer to shout
voile *m.* veil
voisin *m.*, **voisine** *f.* neighbor
voisin/e neighboring, next
vol *m.* flight
voleur *m.* thief
volonté *f.* will
volontiers gladly, willingly
vouer un culte à to adore; to be entirely devoted to
vouloir to wish, to want
vue *f.* sight